Kaspar Gerg
Singen und Musizieren mit Kindern

Exempla aktuell

Kaspar Geng

Singen und Musizieren mit Kindern

Elementare Begleitformen auf Orff-Instrumenten

Verlag Ludwig Auer Donauwörth

Die Reihe „EXEMPLA AKTUELL“ wird von Peter Hell und Paul Olbrich herausgegeben. Sie greift relevante schulische Themenbereiche auf und bietet praxisorientierte Hilfestellungen für die Hand des Lehrers.

Gedruckt auf umweltbewußt gefertigtem, chlorfrei gebleichtem und alterungsbeständigem Papier.

1. Auflage. 1994

Umschlaggestaltung: Josef Kinzelmann, Bäumenheim
Illustrationen und Notenschrift: Kaspar Gerg
Gesamtherstellung: Ludwig Auer GmbH, Donauwörth
ISBN 3-403-0**2487**-3

Inhaltsverzeichnis

Vorwort

Singen ist die Musizierform, die jeder Mensch jederzeit und überall ausüben kann, wenn er darauf Lust hat. Er braucht dazu sein Instrument Stimme und einen Fundus an Liedern. Es leuchtet ein, daß gestaltete Lieder sehr viel tiefer erlebt und deshalb auch nachhaltiger in der Erinnerung verankert werden als nur abgesungene. Gestaltung basiert auf gediegener Übermittlung und gründlicher Sicherung. Sie gibt dem Lied eine Gestalt, eine Form. Sie macht es ganzheitlich erlebbar im Sinne der Einheit von Musik, Sprache und Bewegung. Mit diesem Buch möchte ich allen, die sich mit den ihnen anvertrauten Kindern musisch betätigen wollen, eine Hilfe geben, wie man mit einfachsten Mitteln Lieder gestalten kann. Ich möchte den Zaghaften Mut machen zum Umgang mit elementaren Instrumenten und die Musiker erspüren lassen, welch verblüffende und wunderbare Klangmöglichkeiten aus dem Einfachen zu schöpfen sind. Gleichzeitig will ich eine Grenze ziehen zu der Flut von schwachen Begleitvorschlägen in Schulbüchern. Das Richtige erwächst aus dem Elementaren, orientiert sich am klassischen Vorbild und grenzt sich gegen Dilettantismus scharf ab.
Die Erfahrung hat gezeigt, daß sich viele Pädagogen eher eine tänzerische Gestaltung eines Liedes zutrauen als eine musikalische. Deshalb habe ich hier den Schwerpunkt auf die musikalischen Begleitmöglichkeiten gelegt. Bewegungsvorschläge werden nur sporadisch angesprochen, können aber auf ähnliche Situationen übertragen werden.
Ganzheitliches Musizieren ist eine von den Möglichkeiten, die Kräfte der Seele zu wecken und zu entfalten. „Elementare Musik, Wort und Bewegung, Spiel, alles, was Seelenkräfte

weckt und entwickelt, bildet den Humus der Seele, den Humus, ohne den wir einer seelischen Versteppung entgegengehen" (Carl Orff). Dementsprechend muß es „aus dem Bauch heraus", aus der Intuition, aus der Emotion geschehen und darf nicht hauptsächlich „über den Kopf" laufen. Für Lehrer und Schüler ist das die Chance, einen Gegenpol zu den immer noch zunehmenden kognitiven Inhalten des Unterrichts zu schaffen. Ich glaube, der Mensch ist sehr viel mehr als „nur" der Denkende. Das Persönlichkeitsbild – das eigene Selbstverständnis ebenso wie der Eindruck, den ein anderer auf mich macht – kann durch ganzheitliche Erfahrungen im musischen Bereich viel umfassender, wahrer und anders werden als es Notengebung und intelligenzorientierte Leistungsmessung erlauben.
Ich wünsche Ihnen ein reiches Musizieren mit Ihren Kindern und viel Freude beim Erleben und Gestalten.

Kaspar Gerg

1. Mit Kindern singen

1.1 Warum Lieder wichtig sind

Ganz gleich, ob ich das Autoradio einschalte, ob ich auf der Tribüne eines Fußballstadions stehe, ob ich in ein Dorfwirtshaus gehe, einen Faschingsball mittanze, einen Gottesdienst besuche, überall kann ich Lieder hören. Die Reihe ließe sich noch beträchtlich erweitern, denn Gelegenheiten, bei denen auch heute noch gesungen wird, gibt es vielerlei. Die Qualität des Liedgutes ist dabei recht unterschiedlich. Sie reicht vom unkontrollierten Gegröle bis zum kunstvoll gestalteten und dargebotenen Gesang.

Der didaktische Wert des Liedes

Eine derart häufige Erscheinungsform wie das Lied muß an sich schon wichtig genug sein, um übermittelt, kultiviert, erhalten zu werden. Sein didaktischer Wert indessen ist wesentlich umfangreicher. Das Lied ist eine elementare musikalische Form: einfach, grundlegend, als selbständiges Ganzes erkennbar. Wir kennen keine andere musikalische Form, die seit Urzeiten in allen Kulturen vorkommt. Die Entwicklung des Liedes beginnt mit der Entwicklung der Sprache und des Sprachrhythmus. Wesentlich ist die Erfahrung, daß die Stimme verändert werden kann: in der Höhe, in der Klangfarbe, in der Dynamik.
Der Liedtext ist Ausdruck seiner Entstehungszeit und des Entstehungsortes. Er war einmal ganz aktuell, war schmückendes Beiwerk für Spiel, Tanz, Feier, war Ausdruck des Empfindens, war Träger von Melodien. Der Liedtext ist somit historisches Zeugnis. Viele Texte haben ihre Aktualität nicht verloren. Auch die Melodie eines Liedes ist geografisches und kulturgeschichtliches Zeugnis. Die meisten Lieder können wir eindeutig einer ganz bestimmten Zeit und einer bestimmten Region zuordnen. Die Eigenarten finden wir im benützten Tonraum, in der Tonart, in der rhythmischen Struktur und in der Form.
Gute Melodien erkennt man daran, daß sie zusammenhängende Linien aufweisen, große Sprünge vermeiden, eine wiedererkennbare Form haben und sich leicht singen lassen.
Das Angebot ist breit gefächert und reicht von der künstlich-konstru-

ierten, „verkopften“ Melodie bis zur einfachen, stimmigen, berührenden „aus dem Bauch heraus“.
Das Lied hat auch die Kunstmusik wesentlich geprägt. Es kommt als elementarer Bestandteil vor und wird kunstvoll gestaltet. Wir begegnen ihm im gregorianischen Gesang ebenso wie als Madrigal oder Motette in der Renaissance und im Barock, als Kunstlied der Romantik ebenso wie in Oper, Operette und Musical. Die Liedform hat sich in der instrumentalen Musik niedergeschlagen.

Kurz zusammengefaßt:

Wer elementare Musik übermitteln will, muß in erster Linie auf das Lied zurückgreifen. Am Lied können alle wesentlichen Erfahrungen mit Musik erlernt werden. Das Lied ist die didaktische Gegebenheit der Musik schlechthin.

Die Auswahl des Liedgutes

Viele, die Musik unterrichten, fühlen sich heute heillos überfordert: Welche Lieder soll ich denn nun auswählen? Welche kann ich guten Gewissens meiner Klasse zumuten? Gibt es denn Kriterien, Anhaltspunkte für eine richtige Auswahl?
Ich meine schon. Im folgenden will ich versuchen, einige Kriterien als weitgespannten Rahmen anzubieten.

○ Viele Bundesländer bieten im Lehrplan oder in einem Anhang Lieder an, die den Jahrgängen zugeordnet sind. Manche Lieder aus dem Angebot können verbindlich sein.
○ Voraussetzung für das Übermitteln eines Liedes ist, daß der Lehrer das Lied selbst singen kann. Dies schränkt das Liedangebot häufig schon ein.
  Allerdings können Sie sich ein Lied auch von jemandem lernen lassen: auf Kassette singen lassen – nachsingen.
  Sie können aber auch mit Hilfe dieses Buches selber über Melodiestrukturen und über das Tun Ihr Repertoire erweitern: Liedmelodie mit Flöte, Xylophon oder Glockenspiel nachspielen.
○ Die Melodie soll gut singbar sein, zusammenhängende Linien aufweisen, eine leicht erkennbare Form haben. Da ich Lieder häufig auf Stabspielen begleiten lasse, muß die Melodie auch begleitbar sein. Nicht alle Liedmelodien eignen sich dafür.

○ Der sprachliche Inhalt muß verstanden werden können. Er ist in der Regel Ausgangspunkt für phonetische Arbeit und für Bewegungsgestaltung. Er muß den Kindern und der jeweiligen Entwicklungsstufe entsprechen.

Nach diesen Vorgaben versuche ich auszuwählen:

Historisches und Zeitgemäßes; Bodenständiges und Fremdklingendes; Einfaches und Anspruchsvolles. Die Vielfalt ist Voraussetzung dafür, daß möglichst viele Stimmungslagen angesprochen werden können. Manches Lied verschwindet wieder aus dem Repertoire, weil es einem anderen, brauchbareren weichen muß. Vieles ist Bestand geworden und Maßstab für Neues.

Liederbücher in der Hand der Kinder?

Jeder von uns möchte mit möglichst wenig Aufwand sein musikdidaktisches Ziel erreichen. Wie aber sieht dieses Ziel aus?

Lieder kennenlernen?
Lieder übermitteln?
Lieder singen können?
Lieder auswendig können?
Lieder gestalten?

Wenn es nur darum geht, Lieder kennen zu lernen und Texte lesen zu können, mag manchen der Unterricht aus dem Buch genügen. Hier werden fast ausschließlich Leistungen des Intellekts verlangt.
Wenn es aber darum geht, Lieder „sich einzuverleiben", auswendig singen zu können und sie durch die Singstimme, durch Begleitung und – wenn es sich anbietet – durch Bewegung zu gestalten, hat ein Liederbuch wenig Sinn. Denn schließlich sollen das Empfinden, das Entwickeln der Phantasie und andere Kräfte der Seele mobilisiert werden.
Mit Liederbüchern werden die Kinder sehr am Text kleben. Darunter leidet vor allem die chorische Kommunikation: das Aufeinander-Sehen und -Hören, der gemeinsame Einsatz, die spontane Regulierung der Lautstärke, das gleiche Grundmaß und all das, was der Lehrer durch Gestik nonverbal mitteilen kann.
Ich verwende Liederbücher nur für meine Vorbereitung. Mit Kindern entwickle ich die übermittelten Melodien, vergleiche die Melodielinien, stelle Wiederholungen und Gegensätzliches fest. Ausführlich beschrieben ist dies in den Kapiteln „Ein kleiner Einblick in die Gesetzmäßigkeiten einer Liedmelodie" (3.1) und „Beispiel einer Unterrichtsplanung" (5.3).

Wer ein Lied gestalten will, muß den Text auswendig können. Deshalb übersetze ich den Text oft in bildhafte Symbole oder ordne fortlaufende Textteile kleinen Gruppen zu. Alles, was Rätselcharakter hat, stimuliert das Gedächtnis.

Beispiel: „Spannenlanger Hansel“

Zum Memorieren hilft auch, die Klasse in zwei Gruppen zu teilen und durch Deuten auf die jeweilige Gruppe diese zum Weitersprechen zu veranlassen:

1. Gruppe	Spannenlanger Hansel,			Birn,
2. Gruppe			nudeldicke	
1. Gruppe		in den	schütteln	
2. Gruppe	Gehn wir	Garten,		wir die Birn!

Sehr bewährt hat sich zudem das stumme „Sprechen“ von Teilen des Textes. Der Lehrer deutet während des gemeinsamen Sprechens ein „geschlossenes Fenster“ an (Handflächen aufgestellt nebeneinander) und „öffnet das Fenster“ an anderer Stelle (Handflächen aufgestellt auseinander). Die Kinder werden dadurch zu hoher Konzentration gefordert:

Beispiel: „Spannenlanger Hansel“, 2. Strophe

Lauf doch nicht (so närrisch, spannenlanger) Hans!
Ich verlier (die Birnen) und die Schuh' (noch ganz.)

Kurz zusammengefaßt:

Ein Musikunterricht ohne Liederbücher in der Hand der Kinder ist phantasievoller, interessanter, wesentlich effektiver und spart zudem die Kosten für die Anschaffung von Musikbüchern in Klassenstärke.

1.2 Wie die Kinderstimme entfaltet werden kann

Singen ist mehr noch als Sprechen ein Ausdruck der Seele und der Gefühlslage. Ich singe, wenn ich große Freude empfinde, wenn es mir gut geht, aber auch, wenn ich traurig bin. Ich singe nicht mehr, wenn etwas meine Gefühlslage stört oder wenn ich bedrückt bin.

Wer viel singt, wird durch vermehrte Zwerchfellatmung und dadurch verstärkte Duchblutung gerade das Zentrum unseres Wohlbehagens, den Bauchraum, positiv beeinflussen. Kurz gesagt: Wenn ich viel singe, geht es mir gut.

Dies hängt auch sehr stark mit dem Atem zusammen: Über den Atem kann eine Menge seelischen Unwohlseins abfließen. Der kontrolliert benutzte Atem reguliert die Gefühlslage. Der Umgang mit dem kontrollierten Atem wirkt therapeutisch.

Singen ist eine im menschlichen Entwicklungsprozeß natürlich wachsende Fähigkeit, die jedoch immer wieder gepflegt, d. h. gebraucht werden will, weil sie sonst verkümmert.

Singen als die veredelte Form des Sprechens baut auf die Sprechfähigkeit und die Sprechfertigkeit auf und verhält sich entsprechend. Es kommt zu Abschleifungen in der Laut- und Klangbildung oder gar zu Mißformungen, wenn auf die Singfähigkeit nicht geachtet wird, d. h. wenn wir sie nicht mehr pflegen. Ähnlich wie die Sprechstimme kann die Singstimme bis zu einer künstlerischen Reife gebracht werden, sofern die Anlage des Stimmklanges überdurchschnittlich gut ist. Hier müssen dann Stimmschulung und Stimmbildung einsetzen, um dieses Ziel zu erreichen.

In der elementaren Musikerziehung beschränken wir uns darauf, die natürlichen Anlagen zu entfalten: Das Kind soll schön und richtig singen können.

Ästhetisches Singen

Schönes ästhetisches Singen können wir durch bestimmte Merkmale von unästhetischem, unschönem abgrenzen, z. B.:

wohlklingend – schrill, näselnd, knödelig
klangtragend – dünn, abbröckelnd
deutlich, klar – verwischt, undeutlich
sicher, überzeugt – zaghaft, unselbständig

Aus den wenigen Merkmalen wird schon deutlich, daß mehrere Faktoren die Singfähigkeit und die Singfertigkeit beeinflussen.

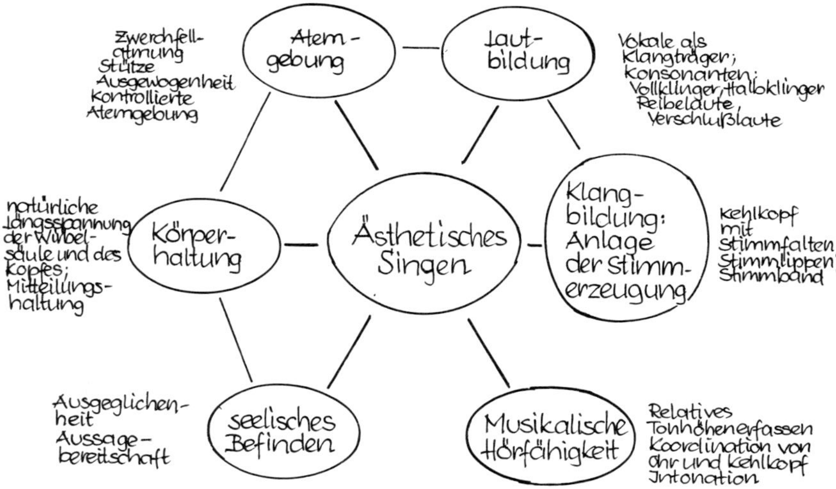

Haltung, Atemgebung, Anlage der Stimmerzeugung und Lautbildung sind bei Kurt Hofbauer (Lit. 2) ausführlich beschrieben.
Aus der Grafik wird auch ersichtlich, daß viele Bedingungsfaktoren für das ästhetische Singen sich gegenseitig beeinflussen: die Körperhaltung die Atemführung, die Anlage der Stimmerzeugung die Lautbildung, das seelische Befinden die Körperhaltung und umgekehrt.
Deshalb ist für das ästhetische Singen wichtig, daß wir eine entspannte Atmosphäre beim Singen schaffen. Wir benötigen frische Atemluft und Platz, um die Körperhaltung aufbauen zu können.
Ich beschränke mich im folgenden auf einige ausgewählte Bereiche der Stimmpflege.

○ ATEMGEBUNG – KÖRPERHALTUNG

Ziel:

Die Kinder sollen zusammenhängend singen können; der Atem soll die Stimme tragen. Musikalische Phrasierungen (Abschnitte) sollen in großen Atembögen gesungen werden.

Technik:

- Die Atemgebung erfolgt vom Zwerchfell her; dafür ist die vertikale Längsspannung des Körpers Voraussetzung.
- Die Mitte des Leibes weitet sich.
- Der Atem fließt kontrolliert, er wird dosiert, er strömt. Dabei werden die beteiligten Muskeln im Gleichgewicht gehalten.

Übungen zur Körperhaltung:

- Aus dem Stand langsam klein werden bis zum „Stein“.
  Auf Beckenschlag den Körper von unten nach oben aufbauen, zum Schluß die Arme bis zum „Baum“.
- Der Kopf zieht sich im Stand senkrecht aus dem Körper. Wir denken uns im Scheitelpunkt eine Öse, an der ein Seil festgemacht ist.
- Im Raum gehen, konträre Körperhaltungen einnehmen: unterwürfig – beherrschend; angstvoll – unerschrocken usw. Die aufgerichtete Körperhaltung beibehalten.

Übungen zum richtigen Atmen:

- Wir saugen den Duft einer Blume ein.
- Hier riecht's doch (angebrannt): Wir schnuppern.
- Wir blasen Suppe; wir blasen eine Kerze aus.
- Ein Tischtennisball wird von allen umstehenden Schülern in der Mitte eines Tisches sanft angeblasen (tatsächlich und pantomimisch).
- Der Tischtennisball wird von einem Kind über den ganzen Tisch geblasen, von einem anderen wieder zurückgetrieben (tatsächlich und pantomimisch).
- Wir spielen Dampfeisenbahn: sch - sch - sch -- tsch -- schschsch ---
- Je ein Kind trägt den Atem im Kreis herum: fffff -----
- Ehe der Atem ganz erschöpft ist, bleibt das Kind stehen, das vor ihm stehende Kind beginnt von neuem.

- Wir flicken einen Fahrradschlauch:
  Aufpumpen: ffff - ffff - ffff - ffff - .
  Die Luft entweicht: ssssssssssssssssssssssssss
  Ventil heraus: schschschsch
  Pantomimisch flicken, Ventil eindrehen - aufpumpen: ffff - ffff - ffff -

○ KLANGBILDUNG:

Ziel:
Die Kinder sollen den bestmöglichen Stimmklang erreichen.

Technik:

- Wir weiten den Kehlkopf-Rachen-Mund-Bereich.
  Bei der Gähnstellung liegt die Zunge tief.
- Der Stimmeinsatz erfolgt weich, ohne daß Luft entweicht.
- Für die Artikulation sind wichtig: lockere Lippen, entspannte Gesichtsmuskulatur, locker fallendes Unterkiefer (Erstaunen).

Übungen:

- Die Stimme auf dem Atem schwimmen lassen.
- Die Stimme während des Singens wie ein großes Backblech in Schulter-/Kopfhöhe durch den Raum tragen.
- Grimassen schneiden
- Mit dem Mund Kreise zeichnen
- Das Gesicht diagonal verziehen
- Über die Vorstellung den Schlund zu einem dicken, weiten Rohr / zu einem engen Rohr machen.

○ LAUTBILDUNG

Ziel:
Die Kinder sollen die Laute, Silben, Wörter sprechtechnisch sauber bilden können.

Technik:

- Die Vokale sind Klangträger. Sie werden in unserer Vorstellung senkrecht geweitet.
- Der Vokalausgleich mildert Dumpfes, Spitzes, Flaches usw. ab.
- Die Konsonanten dienen der Artikulation. Ihre exakte Formung entsteht im Mund-Rachen-Raum. Der Atem beeinflußt sie durch seine Intensität.

Übungen für die Formung der Vokale:

- Wir stellen uns die Vokale vor, z. B.:

  Wir probieren die gegensätzlichen Laut- und Klangqualitäten aus.
- Die senkrecht geweiteten Vokale üben wir an Wörtern, z. B.:
  Mut, Wut - rot - Ort
  nah, Rad - ehe - Ende
  niedlich, Spiel
- Wir üben die Umlaute mit derselben Vorstellung:
  Flöte - Übung - Mähne
- Die Zwielaute bedürfen der gesonderten Schulung, wobei wir die Vorstellung beibehalten, sie vertikal in die Länge zu ziehen:
  Eifer (Aefer) - Mai (Mae)
  Auto (Aoto) - Scheune (Schoöne)
- Von den Lippen lesen: Der Lehrer formt Vokale, Silben, kurze Wörter stumm. Die Kinder formen exakt mit.
- Während eines Liedtextes beobachten wir uns im Spiegel/Taschenspiegel.
- Im Spiel sprechen wir einen Text zuerst mit spitzer, dünner Stimme, dann mit überzeugender, sonorer Stimme.

Übung für die Formung der Konsonanten:

- Wir gruppieren die unterschiedlichen Konsonanten nach Nitsche/Hofbauer (Lit. 2 und 3).
  Vollklinger:

l	lalala	Lorelei
n, ng	nönünö	Anna
	dingdong	singen
m	mümamo	immer

Halbklinger:

r	ri-ra-rutsch
w	wann und wo
s	(stimmhaft) leise summen

Reibelaute:

s/z	(stimmlos) „Luft entweicht“
f/v	„Luft einpumpen“
sch	„Dampfeisenbahn nachahmen“
ch/h	(in Wörtern auf Atemsparen achten!)

Verschlußlaute:

b - p	blubb, ripp-rapp-rupp
d - t	„Wasserhahn tropft“
g - k	tik-tak, guggu, kuckuck

- einen Text emotional färben:
  wütend, mit Nachdruck sprechen/singen
- Ein Wort auf einem Ton immer wieder singen, dabei die Vokale austauschen:
  Stübele - Stöbele - Stabele - . . .
- Vor dem Singen den Text scharf flüstern: Das schärft die Konsonanten!
- Konsonantenschreibmaschine spielen:
  (Zeilenweises Echospiel oder ablesen von der Tafel)
  f - t - t - f - bb - rrr -
  s - d - s - d - schschsch - k -
  g - p - t - r - f - f - t usw.

○ TONHÖHEN ERFASSEN

Ziel:

Die Kinder sollen die Tonhöhe genau erreichen (genaues Intonieren).

Technik:

- Voraussetzungen sind ein stimmtragender Atem, die Modulierbarkeit der Stimme und die Koordinationsfähigkeit zwischen Ohr und Kehlkopf.
- Unterscheiden von hohen und tiefen Tönen.

- Ständiges Hören und Wiedergeben (Nachsingen) von Tonschritten und -sprüngen.
- Die schwierige Terz wird hoch angesetzt.

Übungen:

- Die ganze Klasse begibt sich auf das Tonniveau eines singschwachen Schülers. Eine kleine Tonfolge (Ausschnitt aus einer Liedmelodie) singen alle in der tiefen Lage und steigern behutsam das Tonniveau.
- Wir spielen Sirene: Die Hand des Lehrers zeigt den Sirenenausschlag an. Die Schüler zeigen mit. Wir erweitern den Sirenenumfang allmählich.
- Wir modulieren den Stimmklang, z. B. Kind - Großvater. Wir singen hoch wie das Kind, tief wie der Großvater.
- Wir suchen auf einem Altxylophon oder -metallophon im Bereich c′ - c″ einen Ausgangston und versuchen, diesen nachzusingen.
- Bei einfachen Liedern stützen Grundtonbegleitung und Bordun das Tonhöhenerfassen.
- Beim Erreichen des 3. Tones der Dur-Tonleiter, also des Tertius, versuchen wir in unserer Vorstellung, die Tonhöhe wie ein Gummiband nach unten und oben gleichzeitig zu überdehnen.
- Oft hilft die Vorstellung: der Ton setzt sich von oben drauf.
- Wir wenden den Grundsatz an: Bei aufsteigenden Melodielinien große Schritte, bei absteigenden kleine Schritte!
- Visuelle Vorstellungshilfen: Melodielinien zeigen wir erst mit der Hand mit und machen sie dann grafisch bewußt.
- Bei unsicheren Schülern sind immer wieder Einzelkontrollen nötig. Sie können in der Masse ihre Stimmen nicht wahrnehmen. Voraussetzung: eine vertrauensvolle Atmosphäre.

Das Erschließen von Tonräumen

Die bisher beschriebenen Möglichkeiten zum Erreichen des ästhetischen Singens stellen ein Hintergrundwissen des Lehrers dar. Wir werden einzelne Elemente für eine gewisse Zeit schwerpunktmäßig in den Vordergrund stellen, z. B. die Atemgebung oder ein anderes Mal die richtige Formung der Vokale. Alle Faktoren aber müssen ständiges Unterrichtsprinzip sein. Entdeckte Fehlformen werden wir sofort mit Hilfe der aufgezeigten Übungen zu korrigieren versuchen.
Ein neuer Ansatzpunkt zur Entfaltung und Pflege der Kinderstimme ist

das Lied selbst. Seine Melodie hat einen bestimmten Tonumfang, charakteristische aufsteigende oder absteigende Linien und ganz bestimmte Tonabstände.
Bei den Vorbereitenden Spielen am Anfang der Musikstunde tasten wir den Tonraum ab, loten die benötigten Höhen und Tiefen aus und lösen bei Bedarf einzelne Melodiefiguren heraus. So bereiten wir nicht nur die Melodie vor, sondern machen auch die Stimme warm und für den Gesang verfügbar.

An drei Beispielen möchte ich aufzeigen, welche Bauteile aus der Melodie herausgelöst werden könnten:

O lieber Hauswirt mein

Ding dong, digi digi dong

Es tanzt ein Bi-Ba-Butzemann

Welche Möglichkeiten bieten sich nun, die herausgelösten Melodieteile zu üben?

○ Der Lehrer singt diese Teile auf Silben vor, alle Kinder singen nach (no-nü-no; dü; nom; usw.).

○ Der Lehrer spielt die herausgelösten Figuren auf einem Instrument (Flöte, Stabspiel) vor, alle singen auf einer festgelegten Silbe nach.

○ Sofern die Kinder an das Hören und Aufschreiben von Musik gewöhnt sind, kann die Melodie mit Notensymbolen sichtbar gemacht werden. Gut eignet sich dazu der Tageslichtprojektor. Wir legen eine selbstgefertigte Notenzeilenfolie auf. Als Notenköpfe dienen Reißnägel. Die nach oben zeigenden Nägel kann man leicht anfassen und schnell verändern. Der Linienabstand der Notenzeilen ist so groß wie der Durchmesser eines Reißnagelkopfes. Je nach Tonumfang der Melodiefigur benötigen wir nicht unbedingt alle fünf Notenlinien.
Beispiel: Winter ade

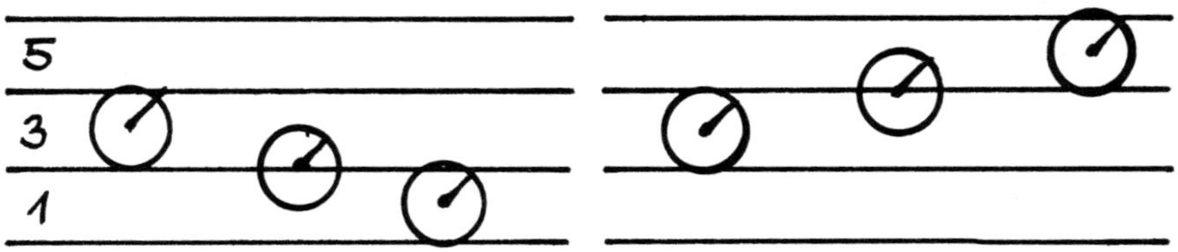

○ Eine herausgelöste schwierige Figur können wir von einer tiefen Tonlage allmählich in eine höhere bringen.
Beispiel: Es tanzt ein Bi-Ba-Butzemann

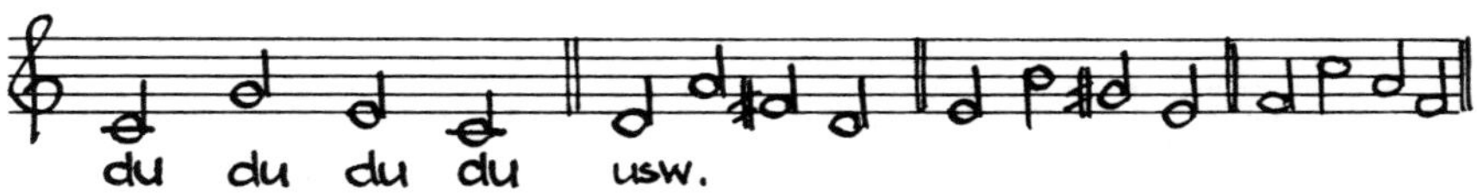

Bei Paul Nitsche (Lit. 3) findet der Interessierte eine Menge Möglichkeiten, wie er stimmpflegend über Silben den Tonraum eines Liedes erschließen kann. Der didaktische Ort für alle diese Übungen muß vor der Übermittlung angesetzt sein. Das sind Vorbereitende Spiele. Während der Übermittlungsphase würden Übungen die Spannung zerstören. Näheres dazu finden Sie in Kapitel 5.3.

2. Was die Lehrkraft wissen muß

2.1 Voraussetzungen für das instrumentale Liedbegleiten

Der Hauptzweck elementarer Instrumente

Alle Arten der Liedbegleitung – die rhythmische auf Schlagwerkinstrumenten, die melodische in Form einer weiteren Stimme, die harmonische auf Stabspielen und Pauken – bieten zunächst ein rhythmisches Gleichmaß, in das wir das Lied einbetten können. Darüber hinaus leistet die melodisch-harmonische Gestaltung wichtige Rahmenfunktionen im tonalen Bereich. Die Kinder entwickeln also mit der Begleitung ein Gefühl für den rhythmischen und den harmonischen Bezug zur Melodie. Außerdem entsteht durch die Begleitung eine Mehrstimmigkeit, für Kinder eine wichtige elementare Klangerfahrung, die sie besonders im Kontrast zur einstimmigen Melodie erleben.

Allgemeine Voraussetzungen

Instrumente müssen vorhanden, schnell verfügbar und in spielbarem Zustand gehalten sein. Wer hin und wieder mit einem kleinen Stück an die Öffentlichkeit geht, darf sich bei der Anschaffung und Ergänzung des Instrumentariums der Unterstützung durch Eltern, Gemeinde- oder Stadtrat, Schulleitung und Banken sicher sein. In „Musik – Sprache – Bewegung" (Lit. 4) habe ich detaillierte Etatplanungen vorgeschlagen.
Weil beim instrumentalen Musizieren der Gehörsinn besonderen Reizen ausgesetzt wird, ist eine vertrauensvolle Disziplin unabdingbar. Sie gewährleistet auch, daß die Kinder die Instrumente pfleglich behandeln.
Wir achten von Anfang an auf die richtige Instrumentaltechnik (Schlägelhaltung, Anschlagpunkte, günstiger Handsatz, Techniken des Stabwechselns usw.) und führen Regeln ein: Bei welchen Zeichen absolute Ruhe herrschen muß, wann ausprobiert werden darf, wie durchgewechselt wird, wenn wir nur eine geringe Anzahl von Instrumenten zur Verfügung haben, wie die Instrumente transportiert werden u. ä.
Ein Musikraum oder ein leeres Klassenzimmer hält die Instrumente schnell griffbereit und spart so Zeit. Diese äußeren Rahmenbedingungen sind wichtig. Mindestens ebenso wichtig ist die innere Einstellung der Lehrkraft: Sie muß bereit sein, sich den Kindern zu öffnen, muß sich

selbst in die Welt des Spielens, der Phantasie, der Kreativität einlassen, muß sich darin den Kindern mitteilen können, mit ihnen teilen wollen. Wer in dieser Weise mit seinen Kindern liebevoll umgeht, wird auch die Lieder sorgsam auswählen und die Kinder nicht durch zu schwierige Begleitformen überfordern. Am besten beginnt man mit nur-rhythmischen Begleitungen und geht erst dann auf melodisch-harmonische über. Stabspiele (Xylophone, Metallophone, Glockenspiele) haben überwiegend Begleitfunktion. Die Begleitung erwächst aus der Melodie. Deshalb müssen wir das Lied nach seiner Form, nach erkennbaren unterschiedlichen Teilen und nach seinem Tonraum untersuchen.

Verwendete Symbole

An Instrumenten sollten verfügbar sein:

Rhythmus-Instrumente – Kleines Schlagwerk

3 Handtrommeln (Rahmenschellentrommeln) unterschiedlicher Größe 

2 Schellentrommeln (Rahmenschellentrommeln) 

1 Paar Bongos 

4 Paar Schlagstäbe 

2 Holzblocktrommeln 

1 Holzröhrentrommel 

2 Paar Kugelrasseln 

2 Schellenbänder 

2 Triangel unterschiedlicher Größe 

1 Becken, mindestens 35 cm ∅ 

Günstig wären außerdem:

1 Große Trommel 

1 Reco-Reco (Guiro) 

1 Paar Congas 

1 Paar Fingercymbeln 

1 Kuhglocke (Cowbell) 

Diatonische Stabspiele und Pauken

1	Sopranglockenspiel	SG
2	Altglockenspiele	AG
1	Sopranxylophon	SX
2	Altxylophone	AX
1	Baßxylophon ersatzweise Baß-Klangbausteine	BX
1	Altmetallophon	AM

Günstig wären außerdem:

1	Baßmetallophon	BM
2	Pauken	
2	weitere Altxylophone	
1	weiteres Sopranxylophon	

Körperinstrumente (Klanggesten)

stehen immer zur Verfügung

klatschen	kla	stampfen	sta
patschen	pa	schnalzen (schnippen)	sch

Symbole für Personen

K	einzelne Kinder
KK	alle Kinder
L	Lehrer(in)

Tanzdarstellung: 

2.2 Der Aufbau von Tonräumen und -leitern

Ich möchte im folgenden versuchen, einige Wesenszüge und Grundsätze des elementaren Tonsatzes aufzuzeigen. Dies ist ein etwas schwieriges Unterfangen, weil ich ausschließlich auf die geschriebene Sprache und auf musikalische Zeichen zurückgreifen kann, um mich Ihnen als Leser mitzuteilen. Wir müssen auf die wichtige akustische Komponente verzichten. Es bleibt mir nur die Möglichkeit, Klangerfahrungen zu beschreiben, die jeder erst durch Ausprobieren am Instrument nachvollziehen kann.

Die Tonleiter

Im Laufe unserer abendländischen (Musik-)Geschichte haben sich bestimmte Tonreihen entwickelt, die je nach Zeitgeist und Ausdrucksbedürfnis gebraucht wurden.

Tonräume:

Dreitonraum, Viertonraum, Fünftonraum usw. Die verwendeten Töne müssen keine lückenlose Leiter bilden. Der Tonraum gibt lediglich die Abgrenzung und den Bereich an.

Tonleiter:

Sie entsteht, wenn die Töne lückenlos linear in bestimmten Ganz- und Halbtonabständen (-schritten) gereiht werden.

In der frühen Musikgeschichte konnte man noch nicht auf die zwölf möglichen Halbtöne innerhalb einer Leiter zurückgreifen, weil die physikalisch reine Stimmung nur eine beschränkte Zahl zuließ. Veränderungen der Tonleitern wurden jedoch durch unterschiedliche Ausgangstöne herbeigeführt. Es entstanden die Kirchentonarten. (Tonart hat hier eine andere Bedeutung als heute!) Später ordnete man ihren unterschiedlichen Klangcharaktern die Eigenschaften „mollus“ (= weich, weiblich, mondig) oder „durus“ (= hart, männlich, sonnig) zu.

Dur und Moll

Im heutigen schulischen Liedgut tritt am häufigsten die Dur-Tonleiter in Erscheinung. Sie entspricht der jonischen Kirchentonart.

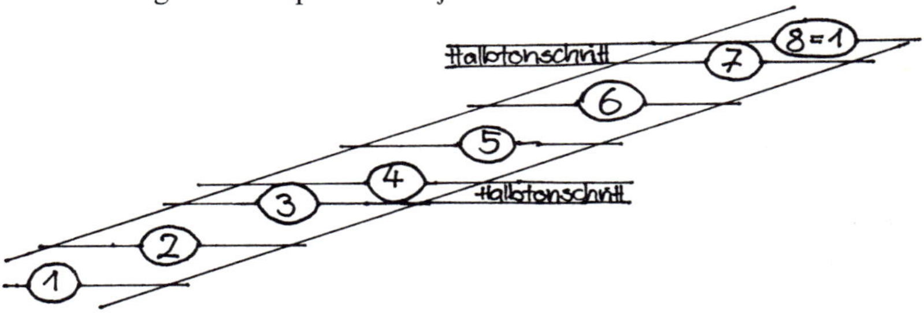

Die seltener gebrauchte Tonleiter kennen wir als reine oder natürliche Moll-Tonleiter. Sie entspricht der äolischen Kirchentonart. Wir können sie nachbilden, wenn wir die Ziffernreihe und damit die Position der Halbtonabstände verschieben: Der Grundton der Moll-Tonleiter liegt – wenn die gleiche Tonreihe benützt wird – um zwei Tonabstände niedriger als der Grundton der Dur-Tonleiter. Ton 1 der Moll-Tonleiter entspricht daher dem Ton 6 der Dur-Tonleiter.

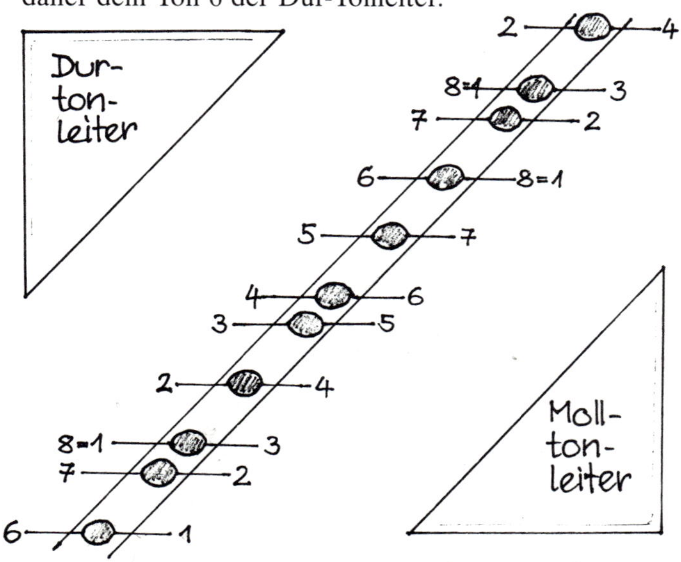

Weil es auch andere Klangräume gibt, die vielleicht für das Instrumentalspiel oder das Erfinden von Liedmelodien interessant sein können, möchte ich hier die wichtigsten Kirchentonarten im Überblick aufzeigen. Entscheidend dabei ist die Lage der zwei Halbtonschritte. Sie geben (im Bezug zum jeweiligen Grundton 1 und zum Ton 5) den Tonleitern ihre klangliche Eigenart.

Die Kirchentonarten im Überblick

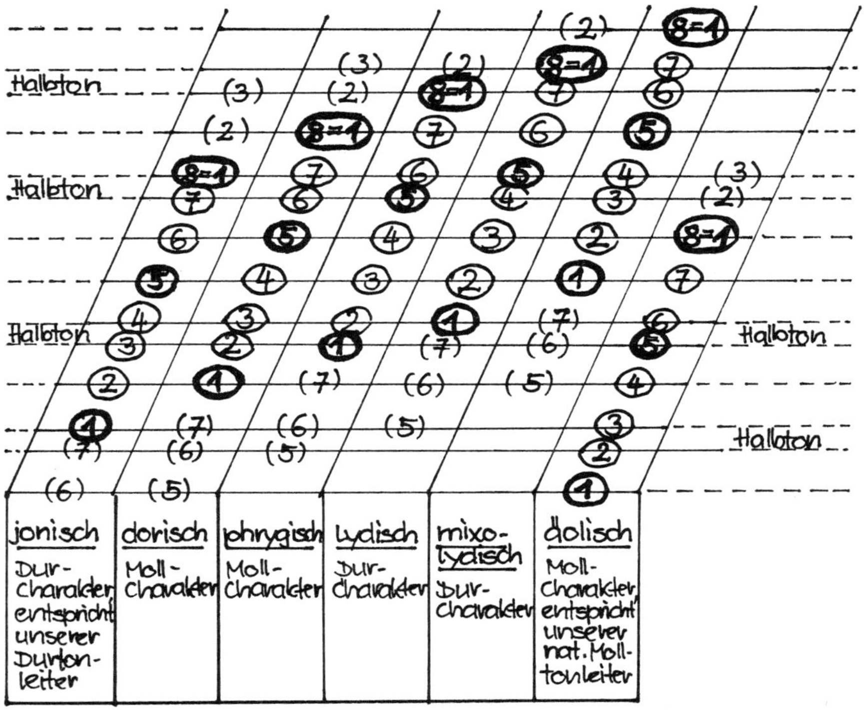

Wer ein Tasteninstrument (Klavier, Orgel, Akkordeon) zur Verfügung hat, kann die Halbtonschritte an der Lage der schwarzen Tasten wiederkennen: Wo zwischen zwei weißen Tasten eine schwarze erscheint, ist ein Ganztonschritt gegeben:

Um sich in die Klangwelten der Kirchentonarten einzuhören, schlage ich vor: Sie nehmen ein Stabspiel (z. B. Altxylophon), belassen es in der natürlichen Reihe und beginnen jeweils eine Siebentonleiter (1–8) zu spielen, dann eine Melodie innerhalb der ersten fünf Töne zu probieren, die schließlich auf die restlichen Töne ausgeweitet wird. Beschränken Sie sich auf den Tonraum jeweils einer Oktave (Töne 1–8)! Die jonische Kirchentonart beginnt bei c, die dorische bei d, die phrygische bei e usw.

In den fünf Grundbänden des Orff-Schulwerks (Lit. 5) finden Sie eine große Anzahl von Liedern und Spielstücken, die in den beschriebenen Kirchentonarten angelegt sind. Es lohnt sich, darin zu blättern und auszuprobieren.

Fünftonraum

Viele unserer Lieder für Kinder benützen einen wesentlich kleineren Tonraum als den einer vollständigen Tonleiter: Manche kommen mit den zwei Tönen der Kuckucksterz (= Töne 5 und 3) aus, andere bewegen sich in den drei Tönen der Leierform (= 3 – 5 – 6), viele haben den Fünftonraum als Rahmen. Alle diese Melodiebereiche erwachsen aus der Pentatonik.

Pentatonik:

ist ein bestimmter Fünftonraum, das älteste, von China bis zu den Kelten verbreitete Tonsystem.
Wir können diesen Fünftonraum bilden, wenn wir fünf Quinten (Tonabstände mit dem 5. Folgeton) übereinander bauen und sie dann durch Oktavierung auf eine Oktave zusammendrängen.
Die pentatonische Reihe entspricht den Leitertönen 1 – 2 – 3 – 5 – 6 der Dur-Tonleiter. Es fehlen die halbtonabständigen sogenannten Leittöne 4 und 7.
Wir erreichen eine pentatonische Reihe auf dem Stabspiel, wenn wir aus einer Dur-Leiter die Stäbe 4 und 7 herausnehmen:

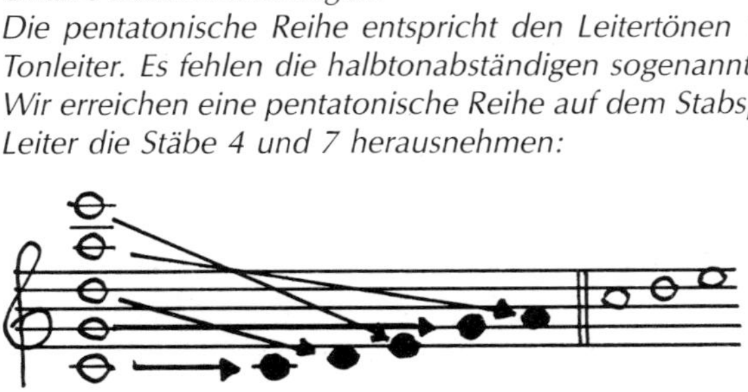

Beispiel: pentatonisches Lied „Ding dong, digidigi-dong" (Lit. 6)

Kleinere Ausschnitte aus der pentatonischen Reihe

(Lit. 7)
(Lit. 8)
(Lit. 9)

2.3 Sinn und Zweck der Notation

Wer einen guten musikalischen Einfall hat, möchte diesen festhalten und damit vor dem Vergessen bewahren. Carl Orff hat mir einmal in einem langen interessanten Gespräch mitgeteilt, er habe mit seinen Schülern improvisiert, dann eine gelungene Melodie festhalten wollen. So habe er die Einführung der Notenschrift motivieren können.
Nun könnte man sich eine Lineatur vorstellen, die – entsprechend der oben gezeichneten Tonleitern – die Halb- und Ganztonschritte erkennen läßt. Dies wird dann ad absurdum geführt, wenn innerhalb einer Leiter zusätzlich Halbtöne auftauchen. Im Laufe der Musikgeschichte gewinnen solch zusätzliche Halbtöne zunehmend an Bedeutung.

Absolute Notation

Die „absolute" Notation entstand durch die naturwissenschaftliche Akustik: Man wollte Töne einer bestimmten Schwingungszahl an einem festgelegten Ort notieren: das a mit 440 bzw. 880 Schwingungen in der Sekunde (an einem bestimmten Ort), das c entsprechend zwei Abstände höher.

Alphabetische Reihe

Den Tönen wurden die ersten sieben Buchstaben des Alphabets zugeordnet, um sie auch benennen zu können: a-b-c-d-e-f-g. Dies entspricht der phrygischen Kirchentonart, weil die Halbtonabstände zwischen den Tönen 1–2 und 5–6 liegen. Später notwendig gewordene Verschiebungen haben ergeben, daß schließlich – analog dieser alphabetischen Reihe – mit dem c begonnen und das b gegen einen weiteren Buchstaben h ausgetauscht wurde.

Die heutige Dur-Tonleiter ohne Vorzeichen heißt deshalb:

c – d – e – f – g – a – h – c

In der Notenschrift einigte man sich auf fünf Zeilen. Wenn man sie zusammen mit ihren vier Zwischenräumen benützt, haben darauf neun Leitertöne Platz. Die Notationsmöglichkeit kann nach unten und oben durch Hilfslinien noch beträchtlich erweitert werden. Sowohl der Tonumfang der Singstimme als auch der einfacher Melodie-Instrumente können bequem in diesem System notiert werden:

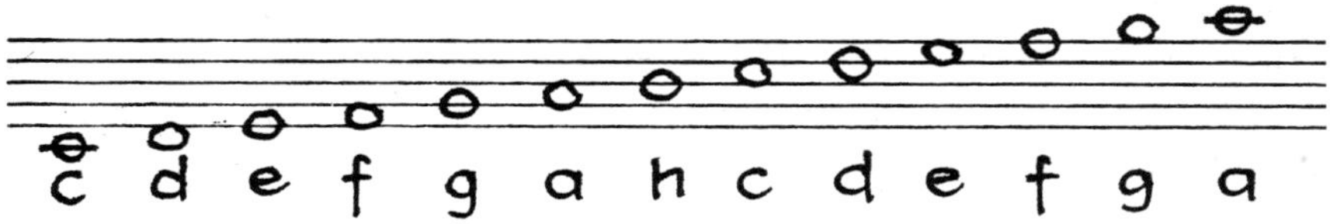

Notenschlüssel

Wollte man die Melodie eines Baßinstruments absolut notieren, bräuchte man so viele Hilfslinien nach unten, daß ein Ablesen unmöglich würde. Deshalb wird die Lineatur mit unterschiedlichen Schlüsseln versehen. Ausgehend von der Tonlage der Violine heißt der gebräuchlichste „Violin-Schlüssel"; man nennt ihn auch G-Schlüssel, weil er den Ton g einkreist. Für den Baßbereich benützt man den Baß-Schlüssel, auch F-Schlüssel genannt, weil er den Ton f einkreist.

Von der Schwingungszahl her sind diese beiden Töne identisch:

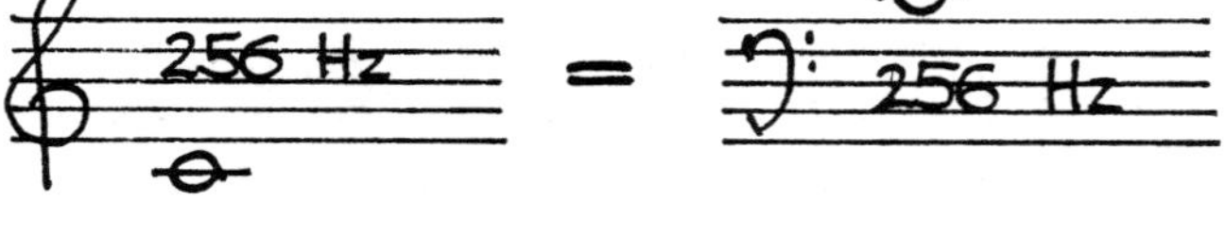

Damit nun jeder weiß, um welches c es sich handelt (mittleres c, unteres c, oberes c), haben die Tonnamen in bestimmten Oktaven kleine Zusätze in Form von Strichen erhalten und werden im tiefen Baßbereich mit Großbuchstaben benannt. Grundlage ist die C-Dur-Tonleiter. Man spricht im tiefen Baßbereich vom „großen C“, im mittleren Baßbereich vom „kleinen c“, im unteren Violinschlüsselbereich vom „eingestrichenen c“ und eine Oktave höher vom „zweigestrichenen c“. Die Kenntnis der Tonlagen wird z. B. notwendig, wenn man Instrumente einkauft.

Transponieren

Viele Melodien sind im C-Dur-Raum nicht in der richtigen Höhe anzusetzen, d. h. sie überfordern die Tonmöglichkeiten eines Instruments oder der Stimme. Wir können sie deshalb höher oder tiefer legen (transponieren). Grundton ist dann nicht mehr das c, sondern ein anderer Ton der ursprünglichen Leiter.

Um wieder eine gleiche Dur-Tonleiter zu erhalten, müssen die Halbtonabstände korrigiert werden. Das geschieht durch Vorzeichen. Ein Kreuz vor einem Ton erhöht diesen um einen Halbton, ein B erniedrigt ihn um das nämliche. Die Vorzeichen am Notenschlüssel gelten für die ganze Zeile und alle Oktaven; sie können durch Auflösungszeichen für die Dauer eines Takts unterbrochen werden.

So entstehen je nach Grundton andere Dur-Tonarten: D-Dur, F-Dur, G-Dur usw. Am häufigsten tauchen im Liedgut der Schule F-Dur und G-Dur auf:

Relative Notation in der Grundschule

Diese Kenntnisse sind zunächst für den Lehrer wichtig. Kinder können mit absoluten Tonnamen wenig anfangen, solange sie kein Instrument spielen. Für das Singen genügt die relative Notation: das Erkennen der Melodielinie oder das Benennen mit Solmisations-Silben; die Struktur bleibt gleich, auch wenn wir eine Melodie in eine andere Lage transponieren:

Beispiel: „Grüß Gott, du schöner Maien“

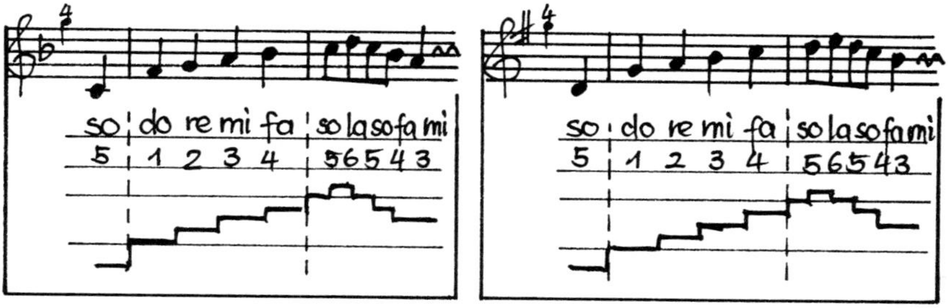

Neben den relativen Notationsformen Melodielinie und Somisation ist die Ziffernbezeichnung der Töne innerhalb einer Durtonleiter für das Strukturieren und Orientieren recht nützlich. Der jeweilige Grundton und der wesentlichste Bezugspunkt der Melodie ist 1, die Folgetöne werden mit den Folgeziffern bezeichnet. 5 ist der Dominantton und der zweitwichtigste der Leiter.

3. Mit Instrumenten Lieder begleiten

3.1 Ein kleiner Einblick in die Gesetzmäßigkeiten der Liedmelodie

Vielleicht wundern Sie sich, daß ich Ihnen so viel über die Melodie mitteile, wo es doch eigentlich um Begleitung geht. Wer jedoch begleiten will, muß die Melodie genau kennen- und lieben lernen.
Jede gute Liedmelodie ist ein kleines Kunstwerk: Ihre zusammenhängenden Linien und die Gesetzmäßigkeit ihres Aufbaus lassen uns merken, daß sie etwas Gestaltetes, Komponiertes ist. Weil sie eine wiederholbare Folge von Tönen aufweist, können wir uns die Melodie merken, einbilden. Manchmal beschäftigt sie uns so stark, daß wir von einem „Ohrwurm" sprechen.
Lieder gehören zur ältesten Art der Musikausübung (Lit. 10). Ihre Melodien erzählen dem Eingeweihten von ihrer Entstehungszeit, als sie noch neu, jung, modern waren, von der Entstehungslandschaft, von der Eigenart des Volkes, von seinen Gepflogenheiten usw. Aus der natürlichen Übereinstimmung von Text und Melodie kann man sogar die Entstehungsanlässe herauslesen.

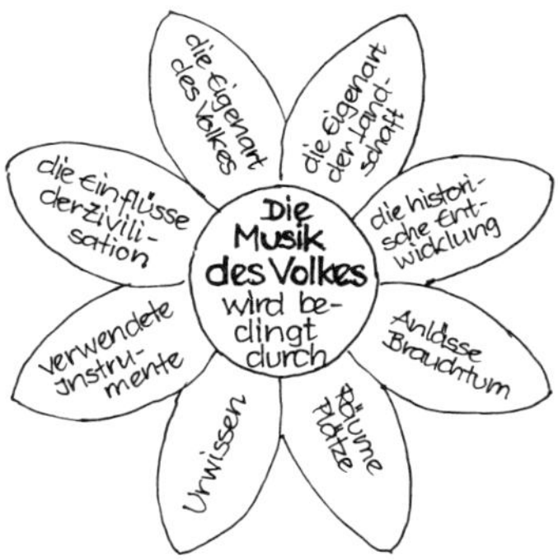

Hier scheint mir noch eine Abgrenzung notwendig zu sein: Volkslieder stammen aus dem Volk, auch wenn sie von Könnern komponiert worden sind. Komponisten haben das Lied in vielfältiger Form in der Kunstmusik verwendet. Dem gegenüber steht das vermarktete, manipulierende, sog. „volkstümliche" Lied nur als äußere Hülle da. Es löst in mir keine Resonanz aus.

Die Anlage einer Liedmelodie

Wenn ich Melodielinien vergleiche, fallen mir zwei Grundtypen auf: Die eine Art – ich nenne sie akkordisch – bewegt sich hauptsächlich in den Tönen von Dreiklängen. Der gegensätzliche Typus ist linear angelegt, d. h. er benützt die nebeneinanderliegenden Leitertöne:

Diese Unterscheidung wird für die Begleitung wichtig werden.

Erkennbare Teile

Ähnlich wie im gesprochenen Satz das einzelne Wort und die Satzglieder ihre Bedeutung und Gesetzmäßigkeit haben, finden wir auch in einer Melodie einzelne Bausteine (Motive), die durch Umkehrung, Verschiebung (Sequenz), Fortführung, Weiterentwicklung, Gegensatz, Abwandlung (Variation), Wiederholung zu einem sinnvollen Ganzen gestaltet sind. Erkennbar ist dies im rhythmischen und im melodischen Bereich.

Phrasierung

Nun gibt es in der Sprache kurze Sätze, aber auch längere, die einen Nebensatz benötigen. Dies entspräche im Lied den Melodieabschnitten, die wir mit einem Atem zusammenhängend singen: es entsteht so ein Atembogen (eine Phrase), der oft durch einen Halbschluß erkennbar und nach seiner Wiederholung durch einen Ganzschluß begrenzt wird. Meist schließt der Ganzschluß einen Liedteil ab.

Liedform

Mehrere Liedteile – analog in der Sprache: mehrere Sätze – ergeben das ganze Lied. Die einzelnen Teile kontrastieren und sind deshalb deutlich unterscheidbar. Die Art, wie sie auf einanderfolgen, ergibt die Liedform. Wir benennen sie mit Buchstaben:

Beispiele

Einteilige Liedform	A	In Mutters Stübele (A-A)
Zweiteilige Liedform	A-B	Ging ein Weiblein Nüsse schütteln (A-B)
Dreiteilige Liedform	A-B-A	Spannenlanger Hansel (A-A-B-A)
	A-B-A′	Heißa, Kathreinerle (A-A′-B-B-A′)
	A-B-C	Einigkeit und Recht und Freiheit (A-A-B-C-C)

An zwei Melodiebeispielen möchte ich das verdeutlichen:

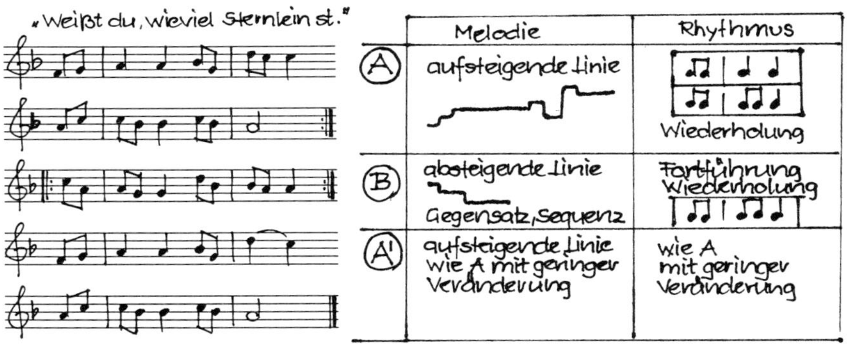

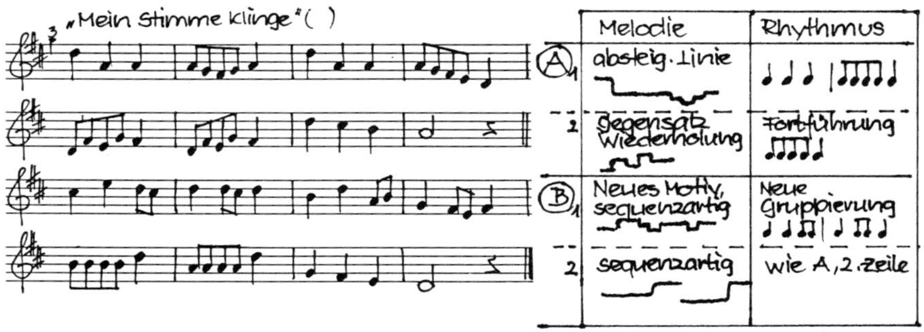

Wenn wir mit den Kindern hin und wieder Ausschnitte und Teile vergleichen, legen wir damit einen wichtigen Grundstock für das Musikhören und für die Werkbetrachtung. Mögliche Aufgaben sind:

- ○ Melodielinien ordnen
- ○ Rhythmuskarten dazuordnen
- ○ Wo beginnt, wo endet die Melodie: unten, in der Mitte, oben?
- ○ An welcher Stelle der Melodielinie wird das Wort „. . .“ gesungen?

Hier können Sie versuchen, die Melodieteile von „Heißa, Kathreinerle“ zu ordnen:

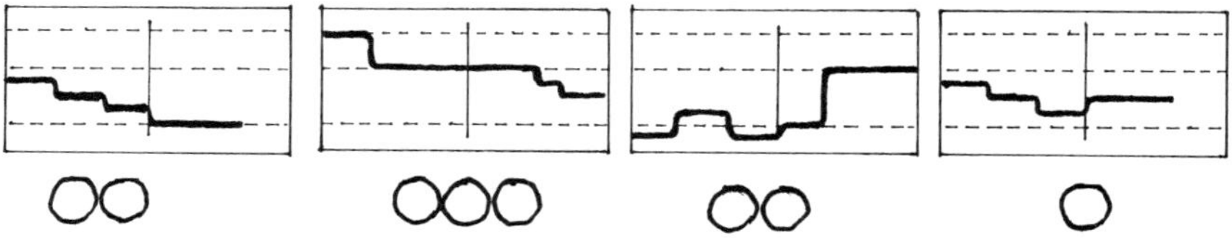

3.2 Rhythmische Begleitmöglichkeiten

Begleiten ist als Bereicherung des musikalischen Ausdrucks gedacht. Es lebt grundsätzlich von zwei Komponenten: vom Gleichmaß und vom Gegensätzlichen. Ein Zuviel kann die Hauptsache – das Lied selbst – zunichte machen.

Grundschlag (musikalisches Metrum)

In der rhythmischen Begleitung bietet der Grundschlag (das musikalische Metrum) Gleichmaß und Gegensatz zugleich. Dem gleichmäßig pulsierenden Rhythmus in der Begleitung stehen unterschiedliche rhythmische Gruppierungen im Liedrhythmus (Sprechrhythmus) gegenüber. Allein dieser Gegensatz erzeugt schon Spannung.
Wir haben auch die Möglichkeit, den Grundschlag zu halbieren oder zu verdoppeln, um den Kontrast zu verstärken:

einfacher Grundschlag

halbierter Grundschlag

verdoppelter Grundschlag

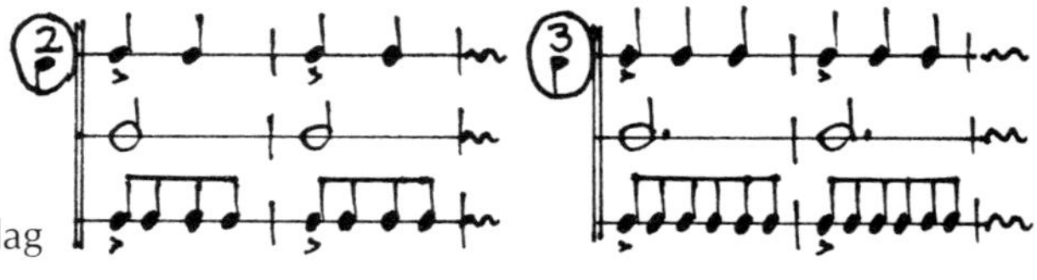

Beispiel: Grundschlagbegleitung

A, a, a, der Winter, der ist da

halbierter
Grundschlag A

einfacher
Grundschlag B

einfacher
+ halbierter
Grundschlag A

Ein weiteres spannungserzeugendes Moment ist die Klangfarbe. Sie ermöglicht die Kombination zweier Grundschlagarten. Zwei oder vier Takte der Begleitung können als Vorspiel genommen werden:

Liedteil	A	B	A
1. Möglichkeit	Stampfen	Klatschen	sta + kla
2. Möglichkeit	Trommel	Schlagstäbe	Tro + Schlagst.

Einwürfe/Pausenfüller

Besonders reizvoll kann es klingen, wenn Längen, also Löcher im Liedrhythmus durch eine markantes Instrument, z. B. Triangel, gefüllt werden. Im oben angeführten Beispiel sind diese Stellen mit einem dicken Punkt markiert.

Beispiel: Einwürfe + Grundschlagbegleitung

Der Herbst ist da

Volksgut

Textergänzung: H. R. Franzke

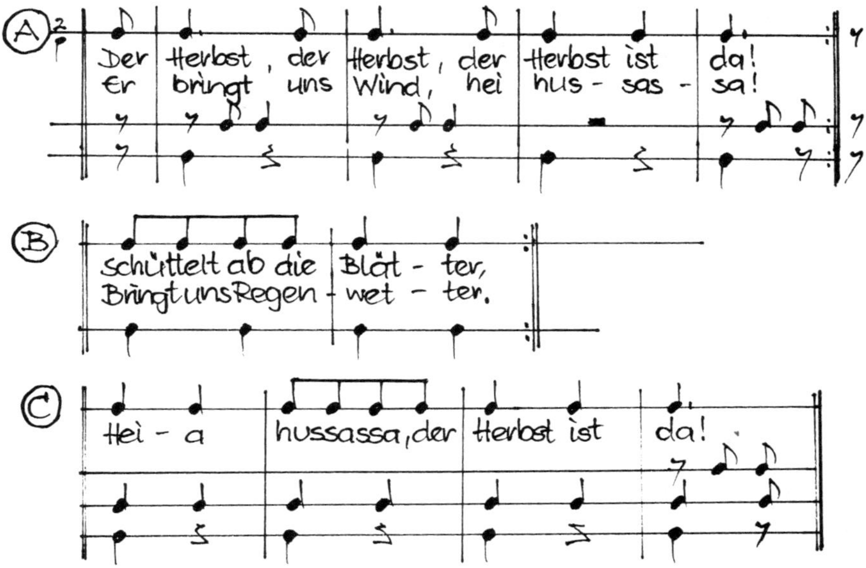

Ostinato – Rhythmischer Baustein

Ab dem dritten Schuljahr etwa sind unsere Kinder in der Lage, eine hartnäckig wiederkehrende rhythmische Figur als zusätzliche Begleitung zu spielen. Ostinati können wir durch Herauslösen und Mitsprechen eines interessanten Teils des Liedrhythmus bilden.

Bei sehr gleichförmigem Liedrhythmus bietet sich u. U. an, die gegliederten rhythmischen Bausteine zu verwenden:

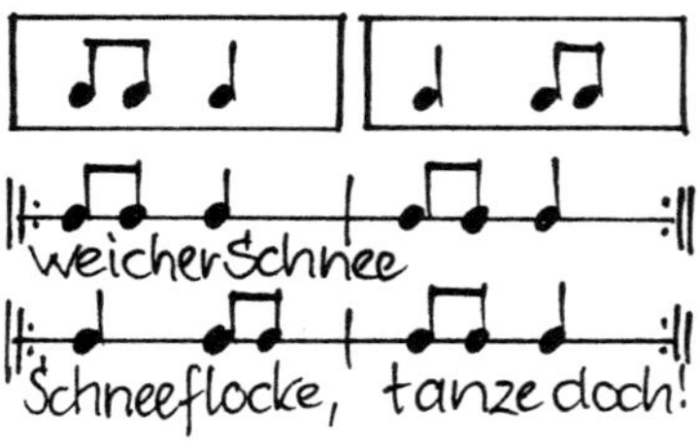

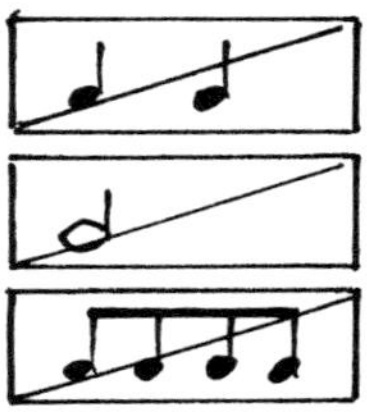

Diese Bausteine decken sich mit den Grundschlagarten; sie sind deshalb als zusätzlicher Ostinato nicht geeignet.

Anhand der rhythmischen Bausteine können wir zudem die zeitliche Struktur, also den Rhythmus eines Liedes gliedern. Jeder Baustein ist ein Zweier-Takt, d. h. zwei normale Grundschläge haben in ihm Platz. Die Kombination jeweils zweier Bausteine ermöglicht einen Vierertakt; für den Dreier-Takt brauchen wir neue Bausteine. Jeder Takt ist zumindest auf seinem ersten Grundschlag betont. Aus den betonten und unbetonten Taktteilen ergibt sich das Metrum.

Zweier-Takt Vierer-Takt Dreier-Takt

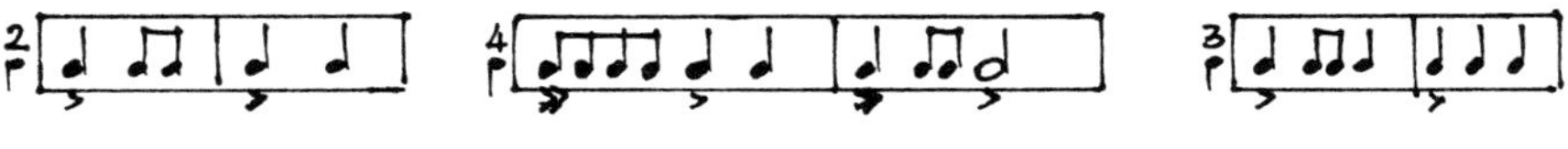

Beispiel: Grundschlag + Ostinato

Fing mir eine Mücke heut

Textübertragung: Hedwig Lüdeke, J. Königs, H. P. Lehmann
Melodie: aus Ungarn

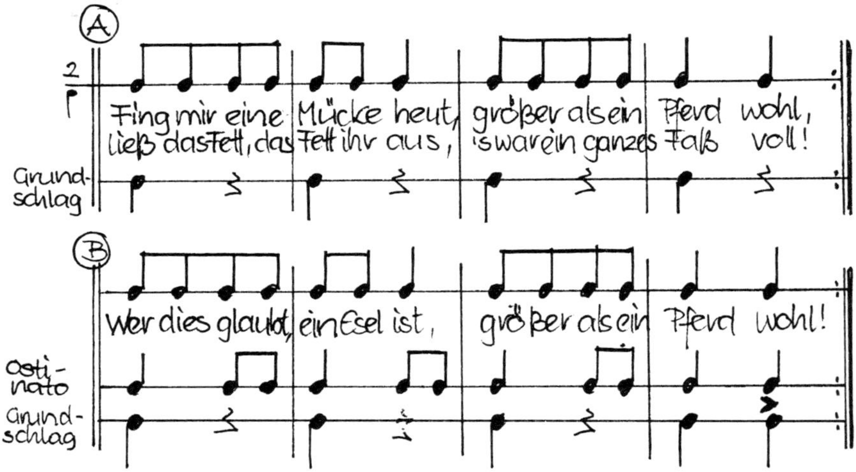

Ich möchte noch einmal ganz deutlich herausstellen: Das Wichtigste bei der rhythmischen Begleitung ist der Grundschlag. Er bildet den Gegenpol zum Liedrhythmus. Erst auf ihm können die anderen rhythmischen Gestaltungsmöglichkeiten aufbauen. Je weniger Begleitung wir verwenden, desto leichter kann sich das Lied behaupten. Bei gehäufter Begleitung muß die einzelne Begleitart in der Klangfarbe transparent bleiben. Ich werde also nie für Grundschlag und Ostinato Instrumente der gleichen Klanggruppe verwenden!

Klanggruppen:

Fell	*Holz*	*Schellen/Rasseln*	*Metall*
Rahmentrommel *Große Trommel* *Bongos* *Congas*	*Schlagstäbe* *Holzblocktrommel* *Holzröhrentrommel* *Tempelblocks*	*Schellentrommel* *Schellenring* *Kugelrassel* *Schellenband*	*Triangel* *Becken* *Fingercymbeln* *Kuhglocke*

3.3 Melodisch-harmonische Begleitmöglichkeiten

In jedem Menschen kann man die Sehnsucht nach ursprünglichem Klangerleben beobachten: Wer möchte nicht gerne ein Instrument in die Hand nehmen, eine Klangwelt zaubern, etwas in Bewegung, in Schwingung versetzen, Resonanz spüren? Mit wenig spieltechnischem Aufwand und über ganz einfache Musizierformen können wir diese Fähigkeit wieder entdecken.

Entdecken meint, daß Musizieren in uns allen bereits grundgelegt ist, daß wir von Klängen, Melodien, Rhythmen angerührt werden, daß Teile unseres Körpers durch bestimmte Frequenzen in Schwingung versetzt werden und seelische Resonanz auslösen, daß wir Lust verspüren, Musik zu erzeugen. Diese in uns grundgelegte Ursubstanz, dieses Urwissen haben Einflüsse der Zivilisation seit vielen Generationen zugedeckt. Die Aufgabe des Lehrers ist es, die Kinder zum Spüren anzuleiten, Körper und Seele wieder resonanzfähig zu machen, die Lust am geformten Klang, an der gestalteten Melodie, am strukturierten Rhythmus ebenso wie an freirhythmischen, freimetrischen Schallgestaltungen (Schallgeschichten) neu zu wecken. Dies kann nur über die Sinne, über Spüren, Fühlen, In-Sich-Horchen, Kontakt-Aufnahmen usw. geschehen.

Die Zweite Stimme – weitere parallele Stimmen

Eine Melodie kann für sich allein schon ein Genuß sein, zum Erlebnis werden, zum Auslöser von Resonanz in uns. Andere Klangqualitäten erschließen wir, ihr eine weitere Stimme parallel zuordnen. Dies geschieht in der Praxis hauptsächlich durch Singen oder über ein Melodie-Instrument, z. B. Flöte. Die parallele Stimme wird in einem bestimmten Tonabstand zur Melodie geführt.

Tonabstände (Intervalle)

werden mit lateinischen Zahlenabständen gekennzeichnet, beziehen sich auf den Ausgangston in der Notation.

Sekund secundus d. Zweite	*Terz tertius d. Dritte*	*Quart quartus d. Vierte*	*Quint quintus d. Fünfte*	*Sext sextus d. Sechste*	*Septime septimus d. Siebte*	*Oktave octavus d. Achte*

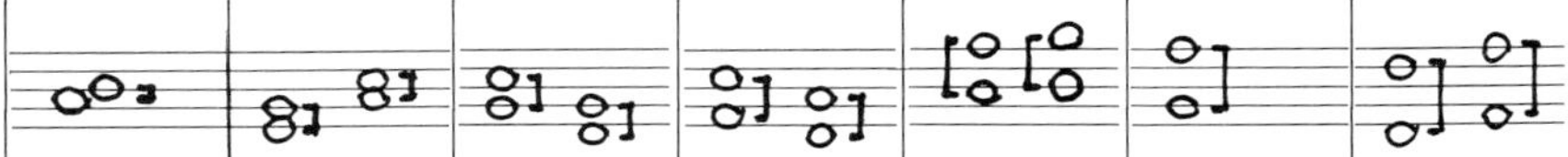

Die einfachste Möglichkeit, Mehrstimmigkeit zu erzeugen, erreichen wir, wenn wir der Melodie die Oktave zuordnen: Männer- und Frauenstimme singen das gleiche oder ein Instrument, das höher klingt als unsere Stimme (z. B. Flöte oder Glockenspiel), spielt die gleiche Melodie.
Es könnte aber auch die relativ offene Klangwelt einer Quart oder Quint sein. Wir kennen den Klangcharakter aus den Anfängen der Mehrstimmigkeit. Quart und Quint addiert ergänzen sich zu einer Oktave.
Sehr gebräuchlich ist bei uns die „Zweite Stimme". Wir meinen damit die Terz unter oder über der Melodie. Diese parallel geführte Stimme gibt uns das Gefühl füllender Harmonie.
Beim Singen verwenden wir oft den „Hornquinten-Satz". Er kombiniert – gemäß den Naturtönen der Hörner – Terzen, Quinten und Sexten. Für das Chorsingen ist darüber hinaus der parallel wandernde Dreiklang interessant. Ein Dreiklang (Akkord) entsteht, wenn wir zum gleichen Ton eine Terz und eine Quint mitklingen lassen.

Beispiele für parallele Melodiebegleitung

Sankt Martine

Text und Melodie aus Gottschee
Satz: Orff-Schulwerk

Oktaven

(Quarten)
Quinten

Terzen

parallel
wandernde
Dreiklänge

Beispiel für einen Hornquintensatz

O du stille Zeit

Das Baßfundament

Die bisher beschriebenen Möglichkeiten der Mehrstimmigkeit wandern mit der Melodie, begleiten sie in einem bestimmten klanglichen Abstand. Ein völlig anderes Klangbild haben wir bei alten Volksmusikinstrumenten: Eine Drehleier etwa läßt eine Saite mitklingen, während über die

Tangenten eine Melodie abgetastet wird. Allein schon der Gegensatz zwischen gleichbleibendem Grundton und Melodie birgt ganz viele Spannungsmomente in sich. Das gleiche finden wir übrigens bei der Maultrommel oder beim Dudelsack. Manche Instrumente lassen zum Grundton 1 auch noch den Ton 5 mitklingen, sodaß die Begleitform eine leere Quinte ist. Wir kennen diese Form als Bordun oder Dudelsackquinte. Der Unterschied zwischen einer parallelen Zweiten Stimme und einem liegenden Baßfundament läßt sich grafisch verdeutlichen:

Beispiel „Weißt du, wieviel Sternlein stehen"

Melodie + parallele Zweite Stimme

Melodie + liegendes Baßfundament

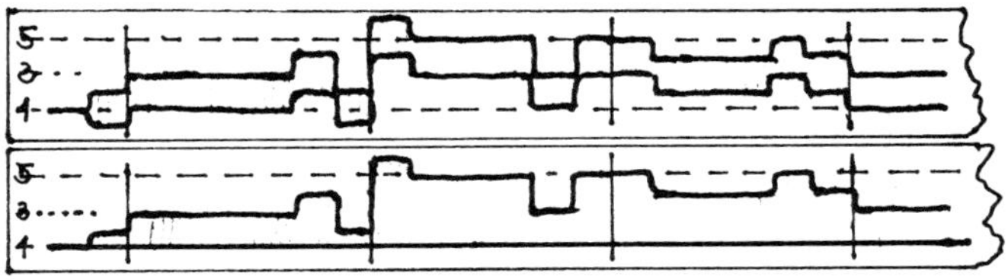

Die Grundtonbegleitung: Grundton 1

Diese Urform eines liegenden Fundaments läßt sich in vielerlei Abwandlungen für die Liedbegleitung verwenden. Die Melodie bezieht sich ständig auf das Fundament, auf den Grundton. Daraus erwachsen ständig wechselnde Spannungen.

Grundton

ist der Ton 1 der jeweiligen Tonleiter oder Tonreihe. Er ist häufig der letzte Ton der Melodie (Tonus finalis).

Mit diesem Grundton 1 können wir sehr viele Lieder begleiten. Als Variante benützen wir die Oktave, also die Töne 1 und 8. Diese Begleitform ergibt zusammen mit der Melodie und einer Zweiten Stimme ein selbständiges, wohlklingendes harmonisches Gebilde und einen vollendeten Tonsatz.

Geeignet für diese Art der Begleitung sind Melodien, die nicht ständig um den Grundton kreisen, sondern sich von ihm wegbewegen. Unser etwas festgelegtes harmonisches Bewußtsein möchte manche Spannungen entschärfen, wenn Töne nahe beieinanderliegen und sich reiben. Als Grundsatz gilt auch hier: Je weniger Begleitung, desto freier kann sich die Melodie entfalten.

Beispiele für Grundtonbegleitung

Der Mond ist aufgegangen

Text: Matthias Claudius
Melodie: Johann Abraham Peter Schulz

1. Der Mond ist aufgegangen,
   die goldnen Sternlein prangen
   am Himmel hell und klar;
   der Wald steht schwarz und schweiget,
   und aus den Wiesen steiget
   der weiße Nebel wunderbar.

2. Wie ist die Welt so stille
   und in der Dämmrung Hülle
   so traulich und so hold,
   als eine stille Kammer,
   wo ihr des Tages Jammer
   verschlafen und vergessen sollt.

3. Seht ihr den Mond dort stehen?
   Er ist nur halb zu sehen
   und ist doch rund und schön.
   So sind wohl manche Sachen,
   die wir getrost belachen,
   weil unsre Augen sie nicht seh'n.

4. So legt euch denn, ihr Brüder,
   in Gottes Namen nieder,
   kalt ist der Abendhauch.
   Verschon uns, Gott, mit Strafen
   und laß uns ruhig schlafen
   uns unsern kranken Nachbarn auch.

A, a, a, der Winter, der ist da

Volksgut

1. A, a, a, der Winter, der ist da!
   Herbst und Sommer sind vergangen,
   Winter, der hat angefangen.
   A, a, a, der Winter, der ist da!

2. E, e, e, er bringt uns Eis und Schnee!
   Malt uns gar zum Zeitvertreiben
   Blumen an die Fensterscheiben!
   E, e, e, er bringt uns Eis und Schnee!

3. I, i, i, vergiß des Armen nie!
   Wenn Du liegst in warmen Kissen,
   denk an die, die frieren müssen!
   I, i, i, vergiß des Armen nie!

4. O, o, o, wie sind die Kinder froh!
   Sehen jede Nacht im Traume
   sich schon unterm Weihnachtsbaume.
   O, o, o, wie sind die Kinder froh!

5. U, u, u, jetzt weiß ich, was ich tu!
   Hol den Schlitten aus dem Keller,
   und dann geht es schnell und schneller
   U, u, u, den Berg hinab: Juchu!

Lied-melodie
Zweite Stimme
Grund-ton 1 (8)
(Bfl)
(AX)

In Mutters Stübele

Aus Südbaden

1. In Mutters Stübele, da geht der hm, hm, hm
   in Mutters Stübele, da geht der Wind.
2. Muß fast erfrieren drin vor lauter hm, hm, hm,
   . . . vor lauter Wind.
3. Wir wollen betteln gehn, es sind uns . . . zwei.
4. Du nimmst den Bettelsack und ich den . . . Korb.
5. Ich geh vors Herrenhaus und du vors . . . Tor.
6. Ich krieg ein Apfele und du ein . . . Birn.
7. Du sagst „Vergelt es Gott“, und ich sag . . . „Dank“.

Lied
Zweite Stimme
Grund-ton 1
oder
Grund-ton 1 (8)

Winter ade!

Text: Hoffmann von Fallersleben
Melodie: Volksgut

1. Winter ade! Scheiden tut weh.
Aber dein Scheiden macht,
daß mir das Herze lacht.
Winter ade! Scheiden tut weh.

2. Winter ade! Scheiden tut weh.
Gerne vergeß ich dein,
kannst immer ferne sein.
Winter ade! Scheiden tut weh.

3. Winter ade! Scheiden tut weh.
Gehst du nicht bald nach Haus,
lacht dich der Kuckuck aus.
Winter ade! Scheiden tut weh.

Lied

A

Grund-
ton 1 (8)

B

A′

Die Grundtonbegleitung: Grundton 5

Manche Melodien benützen schwerpunktmäßig Töne der Durleiter, die nach unserem harmonischen Gefühl einen Wechsel des Baßbezugstones verlangen. (An späterer Stelle werde ich diesen „Stufenwechsel“ erklären.) Mit Rücksicht auf die Spielfähigkeit von sechs- bis achtjährigen Kindern können wir dies umgehen, indem wir den Ton 5 der Leiter als alleinigen Grundton mitklingen lassen. Dies ergibt nun ein völlig neues harmonisches „Gefühl“, eine andere Art von musikalischer Spannkraft. Allerdings wirkt das Liedende, wo die meisten Melodien auf den Grundton 1 zurückkehren, offen. Die Begleitung muß deshalb noch zwei oder vier Takte weitergeführt werden.

Ist alles wohl bestellt

Text: Kathi Greinsberger
Melodie: Kathi Greinsberger

1. Ist alles wohl bestellt,
der Acker und das Feld,
ist alles wohl bedacht,
der Tag und auch die Nacht.

2. Und steigt aus grüner Au
die Lerch' ins Himmelsblau,
bringt sie in schönster Weis'
dem Schöpfer Dank und Preis.

3. Ja sieben Tage lang
sich Gott das Werk ersann
und hat dann uns gestellt
in diese schöne Welt.

Liedmelodie
Zweite Stimme

Grundton 5

Kuckuck, Kuckuck

Volksgut

Kuckuck, Kuckuck,
ruft's aus dem Wald.
Lasset uns singen,
tanzen und springen!
Frühling, Frühling
wird es nun bald.

Liedmelodie
Zweite Stimme

Grundton 5

Ich verwende diese Begleitung in Reinform selten und auch nur zur Einführung eines Liedes. Viele Weisen bieten nämlich durch ihre formbedingten (z. B. A-B-A) melodischen Gegensätze die Möglichkeit, die Grundtonbegleitung 1 und die Grundtonbegleitung 5 zu kombinieren. Dies sieht im Beispiel „Kuckuck“ so aus:

Die Grundtonbegleitung hat den Vorteil, daß sie schnell einsetzbar ist und jederzeit höher und tiefer gelegt werden kann, wenn dies erforderlich ist.

Has, Has, Osterhas

Text: Paula Dehmel
Melodie: Richard Rudolf Klein

1. Has, Has, Osterhas,
   wir möchten nicht mehr warten.
   Der Krokus und das Tausendschön,
   Vergißmeinnicht und Tulpe stehn
   schon lang in unserm Garten.

2. Has, Has, Osterhas,
   mit deinen bunten Eiern!
   Der Star lugt aus dem Kasten raus.
   Blühkätzchen sitzen um sein Haus.
   Wann kommst du Frühling feiern?

3. Has, Has, Osterhas,
   ich wünsche mir das Beste:
   ein großes Ei, ein kleines Ei,
   dazu ein lustig Dideldumdei.
   Und alles in dem Neste.

Anhand der abgebildeten Melodielinien können die Kinder die Melodieteile zusammensetzen und vergleichen:

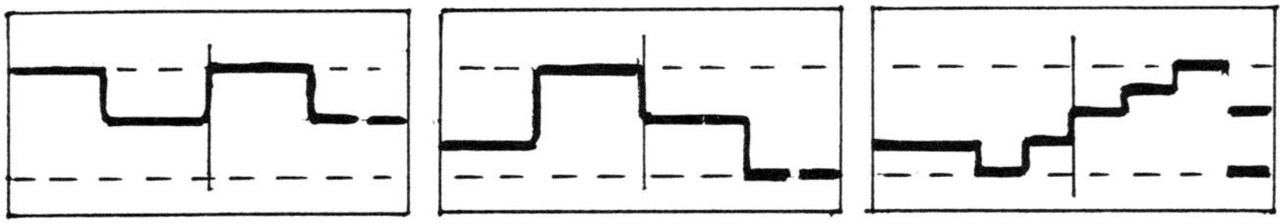

A 1 A 2 = A' B 1 = B 2

Die Bordunbegleitung

In den letzten Beispielen haben wir durch die Kombination der Grundtöne 1 und 5 bereits einen Bordun geschaffen. Man vermutet diese Begleitform bereits in der altägyptischen Musikkultur (Lit. 11). Zur deutlicheren Unterscheidung von der Grundtonbegleitung bezeichnet man im elementaren Tonsatz als Bordun eine liegende Begleitform, die hauptsächlich die Töne 1 und 5 benützt. Sie sind die wesentlichsten Bezugs- und Stütztöne der Melodie.
Die Borduntöne können auch „abschweifen", etwa zum 6. oder 2. Ton. Selbstverständlich dürfen sie auch die Oktave benützen. Ein schweifender Bordun ist etwas interessanter, spannungserzeugender als der einfache. Gegenüber der Grundtonbegleitung legen wir mit der Bordunbegleitung den Klangrahmen für die Melodie schon eine Spur mehr fest. Die Gefahr, daß sich Melodie- und Begleittöne reiben, wird etwas größer. Die stärkste Einengung für die Melodie wäre der Ton 3; ihn vermeiden wir.

Bordun

ist eine historisch gewachsene Begleitform. Benützt hauptsächlich und schwerpunktmäßig die Töne 1 und 5, eventuell erweitert durch die Oktave.

Bordunformen

sind Varianten aus dem Urbordun: Auf den unbetonten Taktteilen erscheinen auch Übergangstöne 6 oder 2.

Melodischer Ostinato:

Das wäre eine zusätzliche Füllstimme, die rhythmisch und melodisch „hartnäckig" wiederholt wird und hauptsächlich andere Töne als 1 und 5 verwendet.

Bordunformen im Überblick

(Der Übersichtlichkeit halber liste ich sie nur im Vierer-Takt auf.)

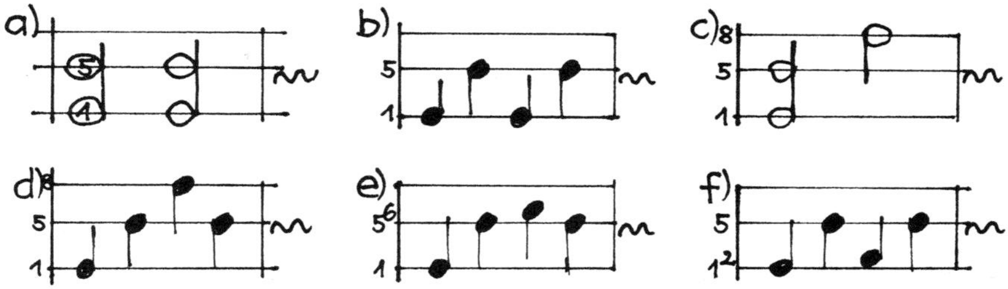

Rhythmisch sollte die Bordunbegleitung das Gleichmaß als Gegensatz zum bewegten Liedrhythmus ausstrahlen. Durch Ausprobieren kann man oft den für die Melodie interessantesten Bordun herausfinden. Bordune sind Baßfundamente. Wir verwenden deshalb das tiefste zur Verfügung stehende Instrument. Je tiefer der Bordun liegt, desto weniger haben wir das Gefühl von Reibungen. Wegen seines Gewichtes ist der Ton 1 immer der tiefe Bordunton.

Einfacher Bordun

Morgen wolln wir Schlitten fahren

Volksgut

Morgen wolln wir Schlitten fahren,
morgen um halb neune,
spann ich meine Schimmel ein
und fahre ganze alleine.

O lieber Hauswirt mein

Aus Tirol

Überstimme: Adolf Lohmann

1. O lieber Hauswirt mein, einmal erwacht!
   Wir bitten inniglich, uns nicht veracht't:
   Zwei müde, arme Leut
   um Herberg bitten heut.
   O lieber Hauswirt mein, laßt uns doch ein!

2. Wer klopft an meiner Tür bei später Nacht,
der heut in Bethlehem noch draußen wacht?
Muß sein ein loser Mann,
das merk ich ihm schon an.
Mein Haus ist ganz und gar mit Fremden voll.

3. Josef, der fromme Mann, voll Sorgen klagt,
weil er an jeder Tür vergeblich fragt.
In dieser ganzen Stadt
niemand ein Mitleid hat.
O weh, o Bethlehem, wie bist du hart!

4. Josef, o Josef mein, sei nicht betrübt!
's wird Gottes Wille sein, der's also fügt.
Muß in der größten Not
gebärn den höchsten Gott.
Im Stall wird Herberg sein. Geh nur hinein!

Melodielinien zum Vergleichen, Ordnen, Wiedererkennen, Absingen und Mitzeigen:

A

B

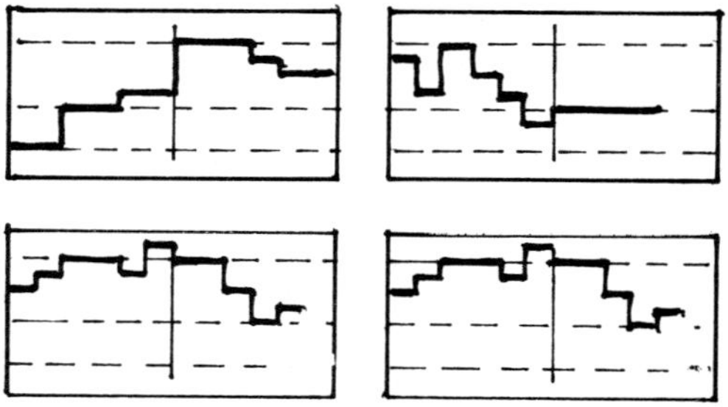

O Jesulein zart

Volksgut

1. O Jesulein zart,
dein Betterl ist hart,
dein Kripperl ist kalt,
schlaf, Jesulein, bald!

2. Schlaf ruhig, mein Kind,
kalt wehet der Wind,
es fallet der Schnee,
tut dem Kinderl so weh.

3. Ei, schweige doch, Wind,
nicht weck' mir das Kind,
schlaf ruhig nur ein,
du liebs Jesulein!

Liedmelodie

Zweite Stimme (Flöte)

Schweifender Bordun (AX)

Bordun (BM)

Abwechselnder Bordun (Nacheinander der Borduntöne)

Ging ein Weiblein Nüsse schütteln

Aus Ostpreußen

1. Ging ein Weiblein Nüsse schütteln
   Nüsse schütteln, Nüsse schütteln,
   alle Burschen halfen rütteln,
   halfen rütteln rums!
2. Ging ein Weiblein Himbeer pflücken,
   Himbeer pflücken, Himbeer pflücken,
   riß die Krinolin in Stücken,
   sie in Stücken, rums!
3. Hat nicht nur den Rock zerrissen,
   Rock zerrissen, Rock zerrissen,
   wird die Schuh auch flicken müssen,
   flicken müssen, rums!

A

B

Rums didel dums didel Dudelsack

Text: Karola Wilke
Melodie: Wolfgang Stumme

1. Rums didel dums didel Dudelsack,
heute treiben wir Schabernack;
heute wird Musik gemacht,
einmal nur ist Fasenacht.

2. Rums didel dums didel Fidelbogen,
heute wird durchs Dorf gezogen;
keiner soll uns Narren kennen
und bei unsrem Namen nennen.

3. Rums didel dums didel Paukenschlag,
ab morgen zähln wir jeden Tag,
bis das alte Jahr verklingt
und die neue Fasnacht bringt.

Meister Jakob

Volksgut

Meister Jakob, Meister Jakob,
schläfst du noch, schläfst du noch?
Hörst du nicht die Glocken,
hörst du nicht die Glocken,
Ding, dang, dong, ding, dang, dong!

Schweifender Bordun

Sankt Martine

Text und Melodie aus Gottschee
Satz aus: Orff-Schulwerk

1. Wie früh ist auf Sankt Martine,
   der heilige Sankt Martine.
   Er reitet dahin am Wege breit,
   der heilige Sankt Martine.
2. Am Wege da sitzt ein alter Mann:
   „So teilt mir was, in Gottes Nam."
   „Was will ich euch teiln, in Gottes Nam",
   so saget der Sankt Martine.
3. Er schneidet den Mantel mitten entzwei,
   der heilige Sankt Martine.
   „Nimm hin, nimm hin, du alter Mann",
   so saget der Sankt Martine.
4. „Ich bin es nicht ein alter Mann,
   du heiliger Sankt Martine,
   ich bin es nur der liebe Gott,
   du heiliger Sankt Martine."

In Mutters Stübele

Aus Südbaden

Der Kuckuck und der Esel

Volksgut

1. Der Kuckuck und der Esel,
   die hatten einen Streit,
   wer wohl am besten sänge,
   wer wohl am besten sänge,
   zur schönen Maienzeit,
   zur schönen Maienzeit.

2. Der Kuckuck sprach: „Das kann ich!"
   und hub gleich an zu schrein.
   „Ich aber kann es besser,
   ich aber kann es besser!"
   fiel gleich der Esel ein,
   fiel gleich der Esel ein.

3. Das klang so schön und lieblich,
   so schön von fern und nah.
   Sie sangen alle beide,
   sie sangen alle beide:
   „Kuckuck, kuckuck, i-a,
   kuckuck, kuckuck, i-a!"

Fing mir eine Mücke heut

Textübertragung: Hedwig Lüdeke, J. Königs, H. P. Lehmann
Melodie: aus Ungarn

1. Fing mir eine Mücke heut,
größer als ein Pferd wohl;
ließ das Fett, das Fett ihr aus,
’s war ein ganzes Faß voll!
Wer dies glaubt, ein Esel ist,
größer als ein Pferd wohl,
wer dies glaubt, ein Esel ist,
größer als ein Pferd wohl!

2. Riß ihr dann den Stachel aus,
war spitz wie ’ne Nadel,
macht mir einen Degen draus,
sah aus wie von Adel.
Wer dies glaubt, . . .

3. Zog ihr auch das Fell noch ab,
macht mir eine Decke,
lag darauf so weich und warm
wie im Himmelbette.
Wer dies glaubt, . . .

Hejo, spann den Wagen an

Aus England
Kanon zu 3 Stimmen

Hejo, spann den Wagen an,
denn der Wind treibt Regen übers Land!
Hol die goldnen Garben,
hol die goldnen Garben!

Lied-
melodie

Schwei-
fender
Bordun

Laßt uns froh und munter sein

Aus dem Hunsrück

1. Laßt uns froh und munter sein
   und uns in dem Herrn erfreun!
   Lustig, lustig, tralalalala,
   bald ist Niklausabend da,
   bald ist Niklausabend da!

2. Dann stell ich den Teller auf,
   Niklaus legt gewiß was drauf!
   Lustig, lustig, tralalalala,
   bald ist Niklausabend da,
   bald ist Niklausabend da!

3. Wenn ich schlaf, dann träume ich:
   jetzt bringt Niklaus was für mich!
   Lustig, lustig, tralalalala,
   heut ist Niklausabend da,
   heut ist Niklausabend da!

4. Wenn ich aufgestanden bin,
   lauf ich schnell zum Teller hin.
   Lustig, lustig, tralalalala,
   nun war Niklausabend da,
   nun war Niklausabend da!

5. Nikolaus ist ein guter Mann,
   dem man nicht g'nug danken kann.
   Lustig, lustig, tralalalala,
   nun war Niklausabend da,
   nun war Niklausabend da!

Lied-
melodie

Zweite
Stimme

Schwei-
fender
Bordun

Abwechs.
Bordun

Mischform: Bordun und Grundton

In vielen Liedern sind – bedingt durch die Liedteile – melodische Gegensätze grundgelegt. Es ist deshalb oft angebracht, Bordun- und Grundtonbegleitung zu kombinieren. Der Grundton 1 (oder 1–8) bietet sich dort an, wo sich die Melodie im Dreiklang der I. und IV. Stufe bewegt. (Siehe Kap. „Stufenbegleitung“) Den Grundton 5 verwenden wir, wenn die Melodie vermehrt den Dreiklang der V. Stufe benützt.

Beispiele: Bordun und Grundton 1

Spannenlanger Hansel

Volksgut

1. Spannenlanger Hansel, nudeldicke Dirn,
   gehn wir in den Garten, schütteln wir die Birn'.
   Schüttel ich die großen, schüttelst du die klein',
   wenn das Säckel voll ist, gehn wir wieder heim.
2. „Lauf doch nicht so närrisch, spannenlanger Hans!
   Ich verlier die Birnen und die Schuh noch ganz.“
   „Trägst ja nur die kleinen, nudeldicke Dirn,
   und ich schlepp den schweren Sack mit den großen Birn'.“

Lied-melodie

Grund-ton 1/8

Bordun

Zweite Stimme

Eine Zweite Stimme kommt mit jeweils drei Tönen in jedem Teil aus. Flöte, Glockenspiel oder Lehrergesang eignen sich dafür, wenn die Kinder das Lied ganz sicher singen können.

Heiliger Nikolaus

Text und Melodie: Wastl Fanderl

1. Heiliger Nikolaus,
   du braver Mo,
   i sing dir a Liadl,
   so guat wia i ko.

2. Hast in dein Sackerl drinn
   Apferl und Kern,
   viel Nußn und Feign,
   mei, de mag i gern!

3. Sag zu dein Kramperl glei,
   bin no so kloa,
   er derf mi fei ja net
   in Sack einitoa!

Liedmelodie

Abwechselnder Bordun (AX)

Zweite Stimme (AG)

Grundton 1 (8) (AX)

Beispiele: Bordun und Grundton 5

Heute tanzen alle

Text: Barbara Heuschober
Melodie: aus Norwegen

1. Heute tanzen alle,
   heißa, im Hühnerstalle.
   Tralalalala, lala und rund herum,
   tralalalala, lala und rund herum,
   heute tanzen alle!

2. Erst kommt unser Vater,
   tanzt mit dem alten Kater.
   Tralalalala, . . .

3. Nach ihm kommt die Mutter,
   tanzt mit dem Faß voll Butter.
   Tralalalala, . . .

4. Grete mit der Ziege
   tanzt auf der Hühnerstiege.
   Tralalalala, . . .

5. Und der Hans der kleine,
   tanzt nur mit sich alleine.
   Tralalalala, . . .

Ein Männlein steht im Walde

Text: Hoffmann von Fallersleben
Melodie: vom Niederrhein

1. Ein Männlein steht im Walde ganz still und stumm,
   es hat von lauter Purpur ein Mäntlein um.
   Sagt, wer mag das Männlein sein,
   das da steht im Wald allein
   mit dem purpurroten Mäntelein?
2. Das Männlein steht im Walde auf einem Bein
   und hat auf seinem Haupte schwarz Käpplein klein.
   Sagt, wer mag das Männlein sein,
   das da steht im Wald allein
   mit dem kleinen, schwarzen Käppelein?

Liedmelodie
Grundton 5
Bordun
Zweite Stimme

Winter ade!

Text: Hoffmann von Fallersleben
Musik: Volksgut

Liedmelodie A
Zweite Stimme
Bordun

B
Grundton 5
A′
Grundton 5
Bordun

Es tanzt ein Bi-Ba-Butzemann

Aus Thüringen

Es tanzt ein Bi-Ba-Butzemann
in unserm Kreis herum, bidedum,
es tanzt ein Bi-Ba-Butzemann
in unserm Kreis herum.

Er rüttelt sich und schüttelt sich,
er wirft sein Säcklein hinter sich.
Es tanzt ein Bi-Ba-Butzemann,
in unserm Kreis herum.

Liedmelodie
A
Bordun
B
Grundton 5
Grundton 5 A′
Bordun

Weißt du, wieviel Sternlein stehen

Volksgut

1. Weißt du, wieviel Sternlein stehen
an dem blauen Himmelszelt?
Weißt du, wieviel Wolken gehen
weithin über alle Welt?
Gott, der Herr, hat sie gezählet,
daß ihm auch nicht eines fehlet
an der ganzen großen Zahl,
an der ganzen großen Zahl.

2. Weißt du, wieviel Mücklein spielen
in der heißen Sonnenglut?
Wieviel Fischlein auch sich kühlen
in der hellen Wasserflut?
Gott, der Herr, rief sie mit Namen,
daß sie all ins Leben kamen,
daß sie nun so fröhlich sind,
daß sie nun so fröhlich sind.

3. Weißt du, wieviel Kinder frühe
stehn aus ihrem Bettlein auf,
daß sie ohne Sorg und Mühe
fröhlich sind im Tageslauf?
Gott im Himmel hat an allen
seine Lust, sein Wohlgefallen,
kennt auch dich und hat dich lieb,
kennt auch dich und hat dich lieb.

A

B

A

Zur klanglichen Differenzierung ist es notwendig, unterschiedliche Instrumente zu verwenden. Möglich sind in den obigen Beispielen:

A	B	A′
Xylophone	Glockenspiele, Metallophon	Xylophone + Glockenspiele, Metallophon

Melodische Ostinate

In der normalen Schulpraxis genügt es im allgemeinen, einfache harmonische Strukturen im Baßfundament zu verwenden. Klanglich gewürzt mit einer Zweiten Stimme und vorsichtig dosierter rhythmischer Begleitung ergibt das Ganze eine beachtlich reife Gestaltung.
Manchmal wollen wir ein Lied für ein besonderes Fest vorbereiten. Wir möchten noch mehr „Register ziehen", das Klanggebilde noch fülliger machen. Hier bieten sich als zusätzliche Füllstimme die melodischen Ostinati an. Sie passen am besten für pentatonische Lieder. Ihr Zuordnen zu Siebenton-Liedern erfordert sehr viel musikalische Erfahrung.

Die ostinaten Formen haben den großen Vorteil, daß sich Kinder keine komplizierten Folgen merken müssen. Ostinati kehren „hartnäckig" wieder, können also leicht im Gedächtnis gespeichert werden. Schwierigkeiten bereitet allerdings der rhythmische Gegensatz eines gleichmäßigen Ostinats zum bewegten Liedrhythmus. Wir helfen den Kindern, indem wir wenigstens zwei die gleiche Begleitart spielen lassen; so können sie sich gegenseitig stützen.
Bei großen Koordinationsschwierigkeiten einzelner Schüler setzt sich der Lehrer vor das Instrument des Spielers und patscht seitenverkehrt die ostinate Tonfolge auf den Knien mit.

Beispiele: Bordun + melodischer Ostinato

Morgen wolln wir Schlitten fahren

Volksgut

Morgen wolln wir Schlitten fahren,
morgen um halb neune,
spann ich meine Schimmel ein
und fahre ganz alleine.

Liedmelodie

Melodischer Ostinato

Bordun

Löwenzahn

Text: Kurt Kölsch
Melodie: Heino Schubert

1. Löwenzahn, Löwenzahn, zünde deine Lichtlein an!
   Löwenzahn, Löwenzahn, zünde deine Lichtein an!
   Lichtlein hell und Lichtlein weiß,
   Lichtlein auf der Wiese.
   Löwenzahn, Löwenzahn, zünde deine Lichtlein an!
2. Löwenzahn, Löwenzahn, zünde deine Lichtlein an!
   Löwenzahn, Löwenzahn, zünde deine Lichtlein an!
   Pust ich alle Lichtlein aus,
   dunkel wird's im Wiesenhaus.
   Löwenzahn, Löwenzahn, zünde deine Lichtlein an!
3. Löwenzahn, Löwenzahn, zünde deine Lichtlein an!
   Löwenzahn, Löwenzahn, zünde deine Lichtlein an!
   Tausend Fünklein fliegen fort,
   blühn an einem andern Ort.
   Löwenzahn, Löwenzahn, nächstes Jahr hebt's wieder an!

Lied-
melodie A

Ostinati 1 (AG)
2 (AG)

Schweifender
Bordun (AM)

Lied-melodie B

Zweite Stimme (AG)

Grundton 5 (AM)

Teil A* bis Schluß

Ding, dong, digidigi-dong
Text: Carl Orff
Melodie: Carl Orff

Ding, dong, digidigi-dong,
digidigi-dong, die Katz ist krank,
ding, dong, digidigi-dong,
digidigi-ding-dang-dong.

(AX)

(BX)

Wir bauen einen Schneemann

Text und Melodie: Kaspar Gerg

Wir bauen einen Schneemann,
Schni- Schna- Schneemann
und ziehn ihm weiße Kleider an,
dem dicken, runden Mann.

Gesprochen:

1. Rollen, rollen, schieben, rollen.
   Wirst du auch fein pappen wollen!
   Kugel groß – Kugel klein:
   Ei, wie ist der Schneemann fein!

Wir bauen einen Schneemann, . . .

Gesprochen:

2. Gelbe Rübe, alter Topf,
   Kohlen in den schönen Kopf,
   einen Besen, nicht zu klein:
   Ei, wie ist der Schneemann fein!

Wir bauen einen Schneemann, . . .

Goldnes Blatt vom Himmelsbaum

Aus Tschechien

1. Goldnes Blatt vom Himmelsbaum
   fiel zur Erde nieder,
   lief ich schnell nach Bethlehem
   fands im Kripplein wieder.
   Hay dom tydelom, tydelom dom,
   hay dom tydelom, tydelom dom.

2. Unser Jesuskindelein
   grüßte ich voll Freude,
   grüßte auch die Eltern sein
   und die andern Leute.
   Hay dom tydelom, . . .

3. Blieb ich dann der Tage drei
   bei dem Kindlein hocken,
   tat der Flöte, der Schalmei
   süßen Klang entlocken.
   Hay dom tydelom, . . .

Der Herbst ist da

Volksgut
Textergänzung: H. R. Franzke

1. Der Herbst, der Herbst ist da!
   Er bringt uns Wind, hei hussassa!
   Schüttelt ab die Blätter,
   bringt uns Regenwetter.
   Heia hussassa, der Herbst ist da!

2. Der Herbst, der Herbst, der Herbst ist da!
   Er bringt uns Obst, hei hussassa!
   Macht die Blätter bunter,
   wirft die Äpfel runter.
   Heia hussassa, der Herbst ist da!

3. Der Herbst, der Herbst, der Herbst ist da!
   Er bringt uns Wein, hei hussassa!
   Nüsse auf den Teller,
   Birnen in den Keller.
   Heia hussassa, der Herbst ist da!

4. Der Herbst, der Herbst, der Herbst ist da!
   Er bringt uns Spaß, hei hussassa!
   Rüttelt an den Zweigen,
   läßt die Drachen steigen.
   Heia hussassa, der Herbst ist da!

Liedmelodie A
Ostinato
Bordun

B
Grundton 5–6

C
Ostinato
Grundton 5–6
Bordun

Tanzlied aus Israel

Leg deine Hand in meine Hand,
leg deine Hand in meine Hand.
Ich tanz mit dir, du tanzt mit mir,
ich tanz mit dir, und du tanzt mit mir.
Hei, hei, Galile, Mädchen aus den Bergen,
hei, hei, Galile, Mädchen aus den Bergen.

Liedmelodie A
Schweifender Bordun

B
Ostinati
Grundton 1/8

Der Stufenwechsel

Mit zunehmendem Alter, wachsender Merkfähigkeit, größerer Geschicklichkeit und weiter entwickelter Musikalität können wir unseren Grundschulkindern eine schwierigere Begleitform zumuten: den Stufenwechsel. Ich verwende diese Begleitform frühestens ab der dritten Jahrgangsstufe.

Stufenwechsel

nennt man die Begleitform, in der die Grundtöne wechseln und sich ständig der Melodie anpassen.

Bisher hatten wir uns fast ausschließlich mit einem gleichbleibenden liegenden Baßfundament beschäftigt, nämlich mit Grundtonbegleitung und Bordun.

Wenn allerdings ein Liedteil B – wie etwa bei „Kuckuck, Kuckuck“ oder später bei „Ein Männlein steht im Walde“ – ganz gegensätzlich zum Teil A zu begleiten ist, haben wir auch hier schon für den gesamten Abschnitt den Bezugston gewechselt, und zwar von Grundton 1 in Teil A zu Grundton 5 in Teil B.

Je wichtiger in unserer Musikgeschichte der Dreiklang wurde, desto öfter mußte der Bezugston im Baß verändert werden. Vor allem das romantische Liedgut des 19. Jahrhunderts hat unser Harmoniegefühl sehr festgemauert. Die Entwicklung von Instrumenten wie Zither und Akkordeon, deren Akkordbegleitung (Dreiklangbegleitung) schon schematisch vorgegeben ist, hat in der Volks- und Gebrauchsmusik das Harmoniebewußtsein ebenfalls in diese Richtung festgelegt.

Zur Verdeutlichung möchte ich hier noch einmal drei Begleitarten grafisch aufzeichnen.

Beispiel „Der Kuckuck und der Esel“

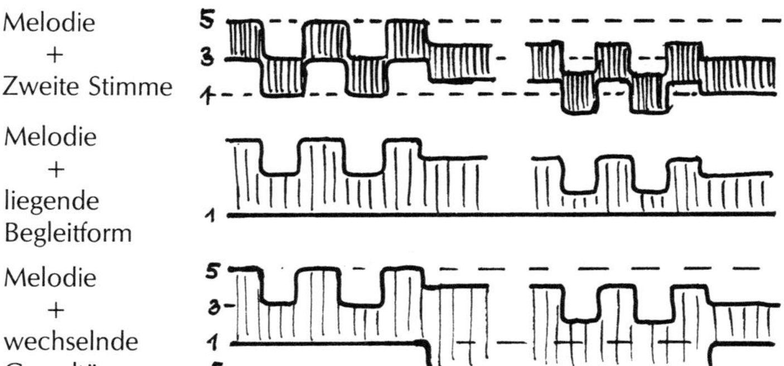

Ausschlaggebend für den Zeitpunkt des Stufenwechsels ist die Melodie. Die akkordisch angelegte benützt hauptsächlich Dreiklangstöne. Aber auch lineare Melodien können so gestaltet sein, daß sie zum Taktschwerpunkt jeweils auf Töne bestimmter Dreiklänge treffen.

Dreiklang

Die Grundform eines Dreiklangs: Über einem beliebigen Ton der Leiter werden zwei Terzen gebildet. Vom Grundton (1) aus sind das der 3. und der 5. Ton.

In der C-Dur-Leiter sieht das so aus:

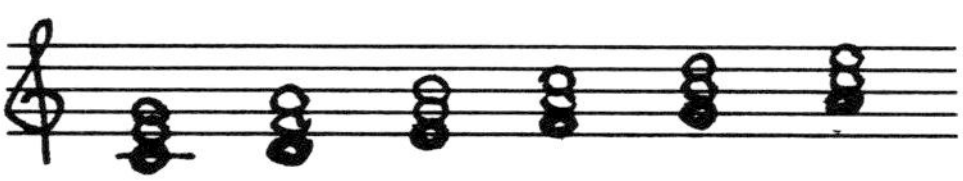

Dreiklänge können über jedem Ton der Leiter gebildet werden. Lediglich der Dreiklang über dem 7. Ton ist problematisch. Ihn spare ich aus.
Durch die Anordnung der Tonabstände wird es ein Dur- oder Molldreiklang: Über dem 1., 4. und 5. Ton der Durtonleiter entstehen Durdreiklänge.

Dreiklänge kann jeder selbst ausprobieren, indem er auf einem Tasteninstrument in der C-Dur-Tonleiter die Töne c(=1) + e(=3) + g(=5) anspielt, hernach mit dem gleichen Abstand zum Grundton d(+f+a) wechselt usw.

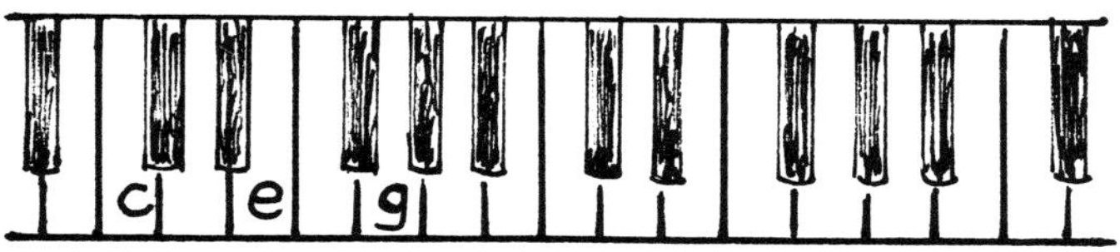

Zusammen mit dem jeweiligen Grundton im Baß ergeben die Dreiklänge die sogenannten Stufen. Diese werden mit römischen Ziffern bezeichnet. Man spricht vom Dreiklang der I., II., III. usw. Stufe und genauso von der I., II., III. usw. Stufe.

Einfaches Schema I–V

Unser Liedgut bewegt sich überwiegend in der I. und V. Stufe der Dur-Tonleiter. Ganz vereinzelt kommen die IV. Stufe, noch seltener andere Stufen vor.
Ich biete deshalb ein ganz einfaches Schema an. Am Beispiel „Auf der Brück' von Avignon“ möchte ich es entwickeln.

– Der Baß soll gegensätzlich zur Melodie verlaufen.
– Die Dreiklänge der I. und V. Stufe haben den Ton 5 der Leiter gemeinsam. Er kann deshalb ständig mitklingen.

– Die Begleitung auf einem tiefen Instrument, z. B. auf dem Baßxylophon, kann also folgendermaßen aussehen:

– Dem relativ bewegten Liedrhythmus stellen wir die ruhigen Viertel der Begleitung gegenüber.
– Wir müssen beachten, daß die Stabspiele ihre eigene Spieltechnik haben. Falsch wäre das Übertragen einer Klavier- oder Gitarrebegleitung auf die Orff-Instrumente. Spieltechnisch ungünstig wäre auch, wenn wir die Baßstimme auf zwei Spieler verteilen würden.
Wohl aber ist als Abwandlung der oben gezeigten Grundform ein Nacheinander der Baßtöne möglich:

Wollen wir jetzt noch fülligere Harmonien erzeugen, so müssen wir entweder der Melodie eine Zweite Stimme zuordnen oder eine Füllharmonie in ein mittellagiges Instrument geben. Damit die Übermittlung nicht zu kompliziert wird und der Lehrer seitenverkehrt allen Instrumentalisten den Stufenwechsel anzeigen kann, so lange dies nötig ist, verwenden wir auch in der Füllharmonie die gleiche Richtung:

Zusammengezogen auf eine Zeile ergibt sich für die Begleitung folgendes Bild:

Dieses Schema können Sie bei vielen Liedern anwenden. Es läßt sich mühelos um einen Ton höher transponieren, so daß Sie auch die Lieder in G-Dur begleiten können:

Für die C-Dur ist eine kleine Veränderung notwendig. Beim Wechsel zur V. Stufe finden wir auf dem Stabspiel keinen tiefen Ton mehr. Wir werden deshalb beim Stufenwechsel im Baß die linke Hand aussparen:

Gerade im Orff-Schulwerk findet der Interessierte eine Vielzahl von Beispielen. Der Stufenwechsel I–V wird im Band III unter der Bezeichnung „Dur: Dominanten" gezeigt. Zum Lied „Sur le pont d'Avignon" finden wir auch in der zweiten AX-Stimme die oben aufgezeigte Baßfigur. (Lit. 12)

Die im Orff-Schulwerk auskomponierten Sätze verlangen schon etwas mehr Aufwand zum Einstudieren. Als Vorbereitung für ein Fest lohnt sich so eine Mühe mit Sicherheit!

Beispiele: Stufenwechsel I–V

Auf der Brück von Avignon

Aus Frankreich

Auf der Brück von Avignon
tanzen alle, tanzen alle.
Auf der Brück von Avignon
tanzen alle rund herum.

Die feinen Herren machen es so
und dann wieder so.

Auf der Brück von Avignon . . .

Die feinen Damen (alten Leute,
die Polizisten, die Soldaten,
die Waschfrauen, die Schuster,
Die Glaser, die Musikanten)
machen es so
und dann wieder so.

Auf der Brück von Avignon . . .

Der Kuckuck und der Esel

Volksgut

Weitere Lieder, die mit dem gleichen Schema begleitet werden können:

Jetzt fängt das schöne Frühjahr an	G-Dur
Die Bernauerin*	C-Dur
Der Herr, der schickt den Jockel aus*	C-Dur
Kein schöner Land	G-Dur
Ihr Kinderlein kommet	C-Dur

Mischform: Bordun/Grundton + Stufenwechsel

Für nacheinander verwendete Mischformen können zwei Gründe angeführt werden: Zum einen sind die Teile oft unterschiedlich, d. h. gegensätzlich in der Melodie angelegt und verlangen dann auch nach Gegensätzen in der Begleitung. Zum anderen wollen wir die einfachere Begleitform (Bordun oder Grundton) so lange wie möglich beibehalten. Manchmal sind es nur Abschnitte eines Teils, die wir mit Stufenwechsel begleiten müssen.

---

* siehe auch Orff-Schulwerk, Band III

Beispiele: Mischform Bordun/Grundton und Stufenwechsel

Leer sind die Felder

Textübertragung: Gerhard Bünemann
Melodie: aus Dänemark

Leer sind die Felder
und voll ist die Scheune,
und der Müller in der Mühle
mahlt das Korn zu Mehl.
Heut laßt uns schütteln
die allerletzten Bäume,
darum sind die Burschen
und die Mädchen so fidel.

Recht die Felder ab,
aber nicht zu knapp!
Vögelein und Mäuschen
kriegen auch noch etwas ab.

Wir sagen euch an den lieben Advent

Text: Maria Ferschl
Melodie und Überstimme: Heinrich Rohr

1. Wir sagen euch an den lieben Advent.
   Sehet, die erste Kerze brennt!
   Wir sagen euch an eine heilige Zeit.
   Machet dem Herrn die Wege bereit!
   Freut euch, ihr Christen, freuet euch sehr!
   Schon ist nahe der Herr!
2. Wir sagen euch an den lieben Advent.
   Sehet, die zweite Kerze brennt!
   So nehmet euch eins um das andere an,
   wie auch der Herr an uns getan!
   Freut euch, ihr Christen, . . .

3. Wir sagen euch an den lieben Advent.
Sehet, die dritte Kerze brennt!
Nun tragt eurer Güte hellen Schein
weit in die dunkle Welt hinein!
Freut euch, ihr Christen, . . .

4. Wir sagen euch an den lieben Advent.
Sehet, die vierte Kerze brennt!
Gott selber wird kommen, er zögert nicht.
Auf, auf, ihr Herzen, und werdet Licht!
Freut euch, ihr Christen, . . .

Freu dich, Erd und Sternenzelt

Aus Altböhmen
Texterganzung: Maria Luise Thurmair-Mumelter

1. Freu dich, Erd und Sternenzelt! – Alleluja! –
   Gottes Sohn kommt in die Welt.
   Alleluja!
   Uns zum Heil erkoren,
   wird er uns geboren,
   wird er uns geboren.
2. Süßer Tau vom Himmel fällt. – Alleluja! –
   Friede neigt sich unsrer Welt. Alleluja!
   Uns zum Heil erkoren . . .
3. Aufgegangen ist der Tag, – Alleluja! –
   Nacht und Not entweichen mag. Alleluja!
   Uns zum Heil erkoren . . .
4. Tröstung Gottes labt die Welt: – Alleluja! –
   Freu dich, Erd und Sternenzelt! Alleluja!
   Uns zum Heil erkoren . . .

4. Mit Kindern musizieren

4.1 Welche Instrumente wähle ich aus?

Ich habe bewußt im letzten Kapitel nur spärliche Angaben zur Instrumentierung gemacht. Die unterschiedlichen Voraussetzungen würden eine absolute Festlegung nicht rechtfertigen. Es kommt darauf an, welche Instrumente wir zur Verfügung haben und welchen Klanggeschmack wir haben.
Es ist auch ein Unterschied, ob ich den Begleitklang für eine Aufführung endgültig dem Lied und der Singqualität anpasse oder ob ich in einer Überphase möglichst viele Kinder an unterschiedlichen Instrumenten die gleiche Begleitart ausprobieren oder üben lasse.

Die Klangeigenarten der Instrumente

Die Rhythmusinstrumente habe ich bereits früher in ihrer Klangqualität beschrieben. Die Klangeigenschaften liste ich hier noch einmal auf.

Die Klangfarbe „Fell“

○ Dazu gehören: Handtrommel (Rahmentrommel), Doppelfelltrommel, Große Trommel, Bonbos, Congas.
Gegensätzlich klingt die Kleine Trommel mit den Schnarrsaiten.

● Trommeln eignen sich als Grundschlag-Instrumente. Je tiefer, desto besser. Auf ihnen kann durch Reiben, Kratzen oder Klopfen vielerlei unterschiedliches Geräusch erzeugt werden.

Die Klangfarbe „Holz“

○ Dazu gehören: Schlagstäbe (Klangstäbe), Holzblocktrommel, Tempelblock. Klanglich ähnlich ist noch das Reco-Reco oder Guiro.

● Holz klingt sehr kurz. Es eignet sich also für reich gegliederte Ostinati.

Die Klangfarbe „Schellen und Rasseln“

○ Dazu gehören: Schellentrommel (Tambourin oder Rahmenschellentrommel), Schellenstab, Schellenband, Kugelrassel (Maracas), andere Rasseln.

- Beim rhythmisch-metrischen Spiel müssen wir darauf achten, daß die Schellen und Rasseln möglichst wenig unbeabsichtigte Nebengeräusche von sich geben. Wir halten deshalb die Schellentrommel waagrecht wie einen Teller. Die Schellenbänder nehmen wir in die Hand und erschüttern diese mit der anderen Hand.

Die Klangfarbe „Metall“

○ Dazu gehören: Triangel, Becken, Cymbeln, Kuhglocke (CowBell) Agogo Bells.

- Die meisten dieser Instrumente klingen normalerweise lange nach. Beim rhythmisch-metrischen Spiel (als Grundschlag oder Ostinato verwendet) müssen wir deshalb bei Triangel und Becken zu einer List greifen: Durch Anfassen am Klangkörper können wir den Klang abkürzen.
  Für Einwürfe eignen sich diese Instrumente auch, wenn sie lang klingen.
  Außerdem kann das Becken durch unterschiedliche Anschlagpunkte (mit Schlägelkopf am Rand, mit Schaft am Rand, mit Schaft Richtung Mitte, mit Schaft von außen an den Rand) recht differenzierte Geräusche erzeugen.

Besondere Effekt-Instrumente

○ Dazu gehören: Reco-Reco (Guiro), Rasselkette (Cabasa Afuche), Schnarrer (Vibra-Slap), Peitsche.

- Sie eignen sich in erster Linie für besondere Effekte. Wichtig werden sie bei Schallgeschichten. In Liedern verwende ich sie sparsam.

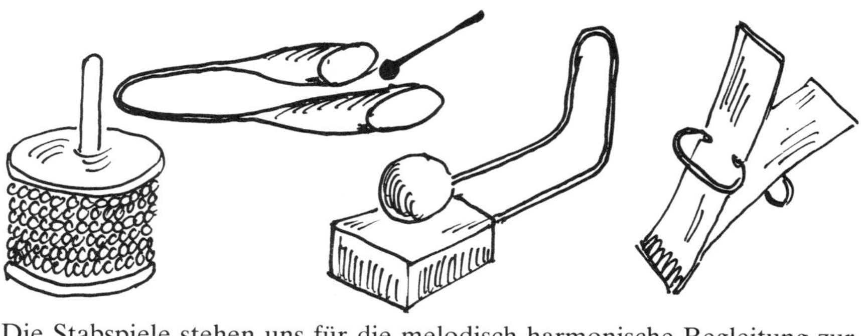

Die Stabspiele stehen uns für die melodisch-harmonische Begleitung zur Verfügung. Drei große Klanggruppen bieten uns einige Möglichkeiten unterschiedlicher Instrumentation.

Die Xylophone

- sind Holzklinger,
- kennt man in der Volksmusik als „Hölzernes Gelächter“,
- sind vor allem in Afrika beheimatet.

Das Baßxylophon **BX**	eignet sich hervorragend als Baßinstrument. Die großen Stäbe klingen nicht zu kurz, lassen aber auch ein schnelles Spiel zu.
Die Baßklangstäbe	entsprechen in Tonhöhe und Klanglänge dem Baßxylophon. Sie ersetzen einzelne Töne des BX, nicht aber seine lineare Reihe.
Die Kontrabaßklangstäbe	klingen eine Oktave tiefer als das BX. Sie ersetzen den anhaltenden Klang einer Pauke.
Das Altxylophon **AX**	liegt im Singbereich der Kinderstimme. Es klingt trocken genug, um auch schnelle Rhythmen zu verkraften.
Das Sopranxylophon **SX**	klingt eine Oktave höher als das Altxylophon und entspricht dessen Klangeigenschaften.

Die Metallophone

- sind Metallklinger,
- haben einen längeren Nachklang,
- sind vermutlich aus den Xylophonen entwickelt worden.

Das Baßmetallophon **BM**	eignet sich für langklingende Begleitformen. Schnelle rhythmische Figuren verschwimmen. Der Ton ist rund, voll.
Das Altmetallophon **AM**	entspricht der Höhe des AX. Seine dicken Platten lassen den Ton aufblühen. Es eignet sich für langsame Spielarten.
Das Sopranmetallophon **SM**	entspricht dem Sopranxylophon. Sein weicher Klang läßt auch langklingende, langsame (z. B. Grundton-) Begleitung zu.

Die Tonlage der Xylophone und Metallophone im Vergleich:

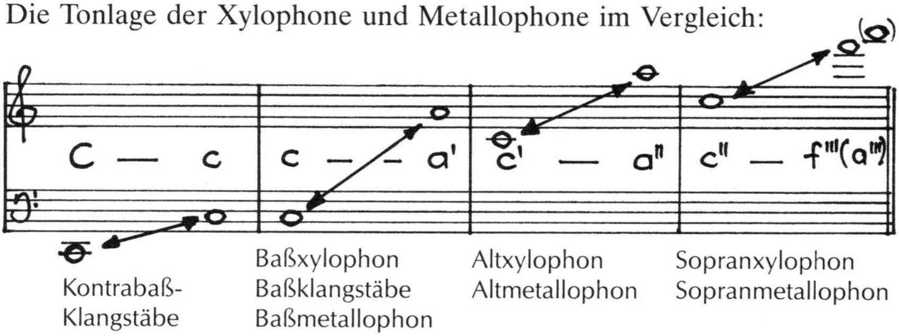

Die Glockenspiele

- bestehen aus dünnen Metallplatten,
- klingen sehr hoch,
- belasten bei allzu häufigem Gebrauch das Ohr,
- sind für kleine Kinder schwieriger zu treffen als die breiteren Xylophon- oder Metallophonstäbe.

Das Altglockenspiel **AG** eignet sich noch gut für einfache Ostinati oder einfache Zweite Stimmen. Es klingt glockenartig hell.

Das Sopranglockenspiel **SG** klingt um eine Oktave höher als das AG. Ich verwende es nur selten, z. B. zur Oktavierung einer Stimme.

Die Tonlage der Glockenspiele:

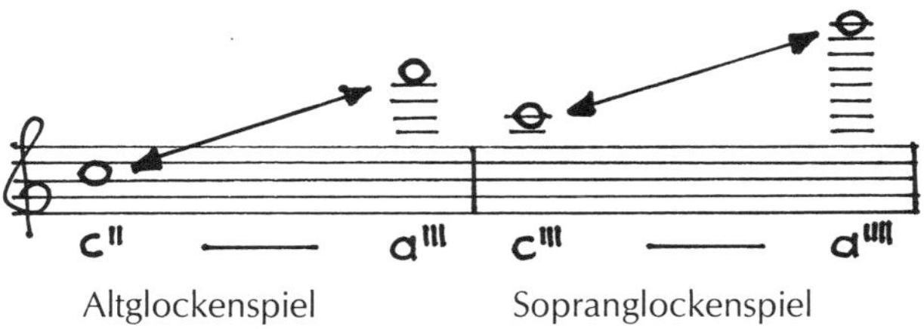

Als Baßinstrumente können wir außerdem die Pauken hervorragend verwenden. Sie sind zwar in der Anschaffung relativ aufwendig, bieten jedoch in ihrer Fellklangeigenart gewaltige dynamische Möglichkeiten. Bei der Anschaffung lohnt es sich, möglichst große Instrumente zu wählen. Es gibt die einfachen Pauken. Das Stimmen dieser Instrumente bereitet Mühe, weil mit mehreren Schrauben eine Tonhöhe erreicht werden soll.

Die nächstmögliche Art sind Drehpauken. Sie haben den Vorteil, daß durch Drehen des Klangkörpers der Ton höher oder tiefer wird.
Am edelsten klingen die Kesselpauken. Auch sie werden heute durch einen zentralen Mechanismus gestimmt.
Pauken schlägt man am Rand an. In der Mitte klingen sie nicht. Häufig genügt eine große Pauke. Zwei sollten das Ziel sein.

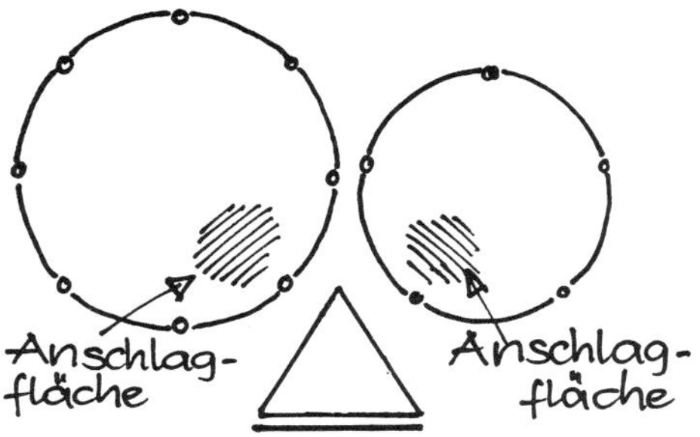

Der sinnvolle Einsatz der Instrumente

Was nützen die schönsten Vorschläge, wenn gerade die Instrumente, die wir uns vorstellen, nicht an der Schule verfügbar sind! Welche Mindestausstattung sollte denn jede Schule besitzen? Was sollte in einem Etatplan der nächsten Jahre berücksichtigt werden?

1. Minimal-Ausstattung

Rhythmus-Instrumente	Stabspiele*
2 Handtrommeln	1 Altxylophon
2 Schellenbänder	1 Altglockenspiel
1 Schellentrommel	
1 Triangel	
2 Paar Schlagstäbe	

2. Grundausstattung

Rhythmus-Instrumente	Stabspiele*
3 Handtrommeln	1 Baßxylophon
1 Paar Bongos	2 Altxylophone
4 Paar Schlagstäbe	1 Sopranxylophon

* Diatonische Stabspiele mit Fis und B, ohne Halbtonkästen!

2 Holzblocktrommeln
1 Holzröhrentrommel
2 Schellentrommeln
2 Schellenbänder
2 Kugelrasseln
2 Triangel
1 Hängendes Becken

1 Altmetallophon
2 Altglockenspiele
1 Sopranglockenspiel

3. Allmähliche Erweiterung der Grundausstattung um

Rhythmus-Instrumente

1 Große Trommel
5 Handtrommeln
2 Schellentrommeln
1 Schellenstab
2 Kugelrasseln
2 Triangel
2 Cymbeln/Becken
2 Paar Bongos
1 Paar Congas
1 Reco-Reco
1 Schnarrer
1 Agogo-Bells
1 Satz Tempelblocks

Stabspiele* und Pauken

2 Pauken
4 Altxylophone
1 Sopranxylophon
2 Altglockenspiele
2 Sopranglockenspiele
1 Baßmetallophon
1 Altmetallophon
1 Sopranmetallophon

Es lohnt sich, gut klingende Instrumente anzuschaffen. Billiges Spielzeug taugt nicht für die Musik.
Unklug wäre es, aus Kostengründen auf Xylophone zu verzichten und dafür ein Sopran- und ein Altglockenspiel als Minimalausstattung anzuschaffen. Diese Instrumente liegen zu weit von der Tonlage der Kinderstimme entfernt, als daß sie stützende und begleitende Funktion haben könnten.
Wer jedoch wenigstens die vorgeschlagene Minimalausstattung an Stabspielen besitzt, der kann so verfahren:

- Die fundamentale Begleitstimme (Grundton, Bordun, Baßtöne) legen wir auf das tiefste Instrument. Das ist in unserem Fall das AX.
- Für die Füllstimme (Zweite Stimme, Ostinato oder ein anderer Grundton bei konträren Liedteilen) verwenden wir das höher klingende Instrument (AG).

Die rhythmische Begleitung werden wir sehr sparsam halten, um die melodisch-harmonische nicht zu überdecken. Eine weitere Grundschlagart, auf der Handtrommel z. B., kann das musikalische Metrum herausheben. Ein anderes Instrument, z. B. Schlagstäbe, unterstreicht bestimmte Liedteile. Als Pausefüller, auch am Schluß, lassen wir den Triangel klingen. Manchmal werden die Körperinstrumente eine weitere Klangqualität einbringen.
Bei etwas reichhaltigerer Ausstattung können mehrere Kinder gleichzeitig eine Begleitart spielen. Das vermindert die Unsicherheit. Meist wird dann das Baßxylophon das Fundament bilden, Altxylophone und Glockenspiele übernehmen eine weitere Begleitstimme.
Für sehr einfache Begleitstrukturen, z. B. Grundtonbegleitung, können durchaus mehrere unterschiedliche Instrumente gleichzeitig eingesetzt werden. Klangtransparenz können wir erreichen, wenn wir bei unterschiedlichen Liedteilen oder strophenweise einmal Metall-, dann Holzklinger verwenden.

Ein paar Grundsätze für den Einsatz der Stabspiele:

- Ist ein Lied neu erarbeitet worden, nehmen wir nur das Baßfundament als Begleitstimme her. In einer Folgeeinheit können weitere Instrumente dazugeordnet werden.
- Auch bei wenigen Instrumenten sollen alle Kinder einmal ausprobieren dürfen: Die ersten drei spielen, die nächsten drei stellen sich hinter die Spieler und schauen genau zu. Beim Wechsel stellen sich die nächsten drei Kinder hinter die Spieler usw.
- Bei komplizierteren Partituren (mehreren Begleitstimmen) verfahren wir nacheinander so:
  1. Zur Melodie den Baß zuordnen.
     (auf dem tiefstmöglichen Instrument)
  2. Bei Mischformen jetzt die gegensätzliche Baßstimme einführen.
  3. In einem weiteren Schritt (in der nächsten Einheit) die nächstwichtige Stimme mit allen üben und dann den bisher erarbeiteten Stimmen hinzufügen.
- Die Klanggruppen Holz (Xylo-) und Metall werden wir nicht für ein und dieselbe Begleitart verwenden. Langsam Gespieltes und Langklingendes kann eher von Metallophonen, rhythmisch schnellere Figuren und Kurzklingendes besser von Xylophonen übernommen werden.
- Es ist auch möglich, zu oktavieren, z. B.: AM und AG und SG spielen die gleiche Grundtonbegleitung bei „In Mutters Stübele“.

Kurz zusammengefaßt:

Wir gehen bei der Instrumentierung von den vorhandenen Instrumenten aus. Das tiefste spielt die Baßstimme. Wir achten durch Klangtrennung auf Transparenz. Die Hauptsache ist das Lied, Instrumente begleiten den Gesang! Bei Neuanschaffungen gilt: Lieber wenige, dafür gut klingende Instrumente!

Auch Instrumente brauchen Pflege

Wir wundern uns vielleicht, warum in einer Schule die Instrumente sauber bereitliegen, warum die Stimmung der Stabspiele noch gut ist, warum Rhythmusinstrumente ohne auffällige Blessuren überlebt haben. Dies hängt wohl vom Engagement und vom technischen Wissen des zuständigen Instrumentenbetreuers ab. An jeder Schule sollte eine Person ausschließlich für die Pflege und Vollständigkeit des Instrumentariums verantwortlich sein.

- Die Instrumente werden am besten zentral und für alle zugänglich aufbewahrt. Der Raum, mindestens Klaßzimmergröße, soll alle Instrumente und Schlägel schnell und übersichtlich verfügbar halten. Die Instrumente werden eher geschont, wenn die Klasse in einen Musikraum geht, als wenn die Instrumente ins Klassenzimmer transportiert werden.
- Übermäßige Trockenheit durch Heizung oder Sonneneinstrahlung muß vermieden werden. Die Naturmaterialien Fell und Holz sind bei trockener Luft besonders gefährdet: Xylophone beispielsweise verstimmen sich, stark gespannte Trommeln werden durch die Trockenheit noch fester angespannt. Das Fell kann reißen!
  Also: Vorhänge zu! Heizung kontrollieren! Instrumente von den gefährdeten Stellen wegbringen!
- Hin und wieder müssen die Instrumente sauber gemacht werden. In den Stabspielkästen sammelt sich Schmutz, alle anfaßbaren Teile, vor allem die Schlägelschäfte, weisen eine Unmenge Ablagerungen auf!
- Das Herausnehmen und Einfügen der Stäbe (z. B. damit die Kinder Töne leichter treffen oder damit Halbtonstäbe eingesetzt werden) muß erklärt, sorgfältig geübt und ständig konsequent überwacht werden. Verbogene Stifte führen zu beträchtlicher Klangeinbuße!

Die Stäbe werden mit beiden Händen angefaßt und nach oben gezogen. Wir müssen auf alle Fälle die einseitige Kippbewegung vermeiden!

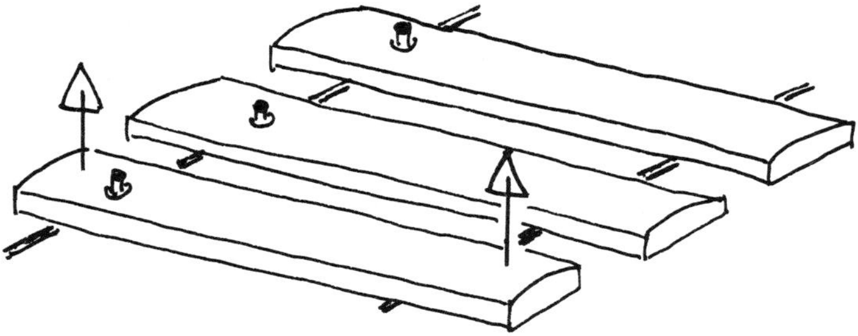

- Die Kinder werden auch in das Halten von Kleininstrumenten und in deren Spieltechnik eingeführt. So vermeiden wir, daß Instrumente zu Boden fallen und beschädigt werden.
- Fellinstrumente mit Naturfellen müssen im Ruhezustand in mittlerer Spannung gehalten werden, damit sie bei hoher Luftfeuchtigkeit nicht so lasch werden, daß sich das Fell wellt und verzieht. Bei zu geringer Luftfeuchtigkeit soll es die Möglichkeit des Anspannens haben. Dies ist besonders vor den Ferien zu beachten!
- Trommeln aller Art werden durch gleichmäßiges Drehen der Schrauben ge- oder entspannt, am besten mit je einer Drehbewegung diagonal. Für Bongos und Congas brauchen wir dazu einen Schlüssel:

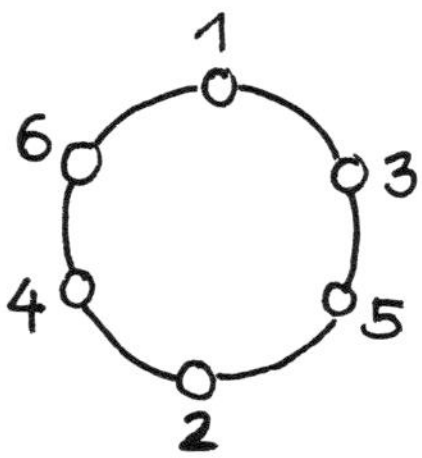

- Beschädigte Instrumente werden am besten sofort repariert oder ersetzt. Bei Stabspielen lohnt es, sich Stifte und Gummiteile für jede Instrumentenart vom Hersteller zu besorgen, um sie bei Bedarf schnell ersetzen zu können.
- Die Schlägel lassen sich am besten in passenden Körbchen oder Kästchen ordnen und aufbewahren. Für jede Schlägelart verwenden wir einen eigenen Behälter:

Weicher Filzkopf AX-SX AM-SM	Mittelharter Filzkopf für Xylophon Metallophon	Harte Schlägel für Xylophon	Wollumwickelte Sch. BX-BM
Kleine Holzschlägel (und Kunstst.) AG, SG, Rh	Sonderschl. Pauken Gr. Trommel Becken	Diverses Schrapper (Guiro) Triangelschlägel	

Kurz zusammengefaßt:

Alle Instrumente brauchen Pflege. Naturmaterialien (vor allem Holz und Fell) passen sich der Luftfeuchtigkeit an. Eine sinnvolle Ordnung erleichtert das Musizieren mit Kindern.

4.2 Wie kann ich Kindern eine Instrumentalbegleitung übermitteln?

Nachdem ich in den vorausgegangenen Kapiteln die didaktischen Möglichkeiten, also das WAS, ausführlich dargestellt habe, möchte ich nun die Methode, das WIE beschreiben. Das mag vielen die Angst vor chaotischem Durcheinander beim Einsatz von Instrumenten in einer Klasse nehmen.
Im Kapitel „Voraussetzungen für das instrumentale Liedbegleiten" sind die allgemeinen Grundsätze aufgeführt. Ihre Kenntnis setze ich hier voraus.

Die Handhabung der Instrumente

Die schonende Handhabung der Instrumente beginnt mit dem Holen. Die Kinder müssen wissen, wo die Instrumente aufgestellt werden. Je zwei tragen ein AX, BX oder eine Pauke. Kleinere Instrumente werden an einzelne Kinder ausgegeben.
Meist lasse ich in der Grundschule die Stabspiele ohne Spieltische auf den Boden stellen. Eine Ausnahme bilden die Glockenspiele. An den größeren Instrumenten knien die Kinder aufrecht, an den übrigen sitzen sie im Fersensitz. Die Ellenbogen müssen sich über den Stäben befinden. Tische und Stühle verwenden wir vor allem bei längeren Übungsphasen und bei Aufführungen.

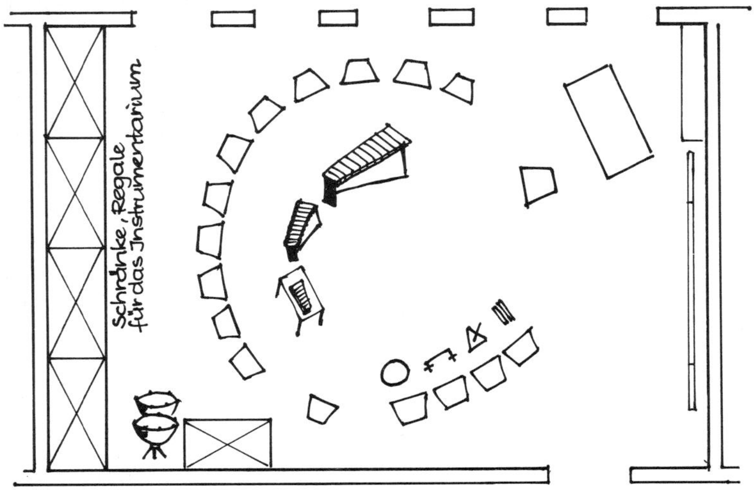

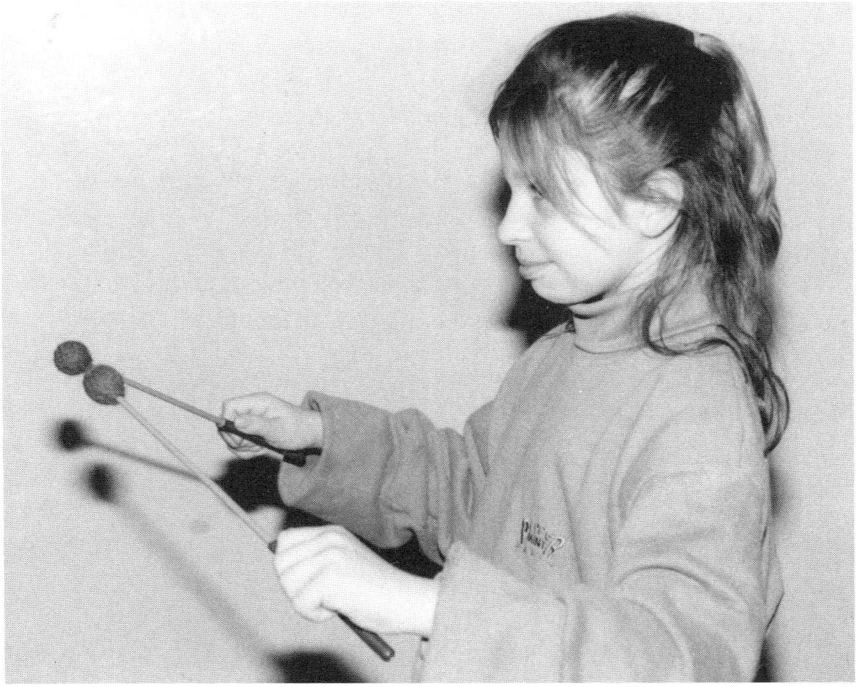

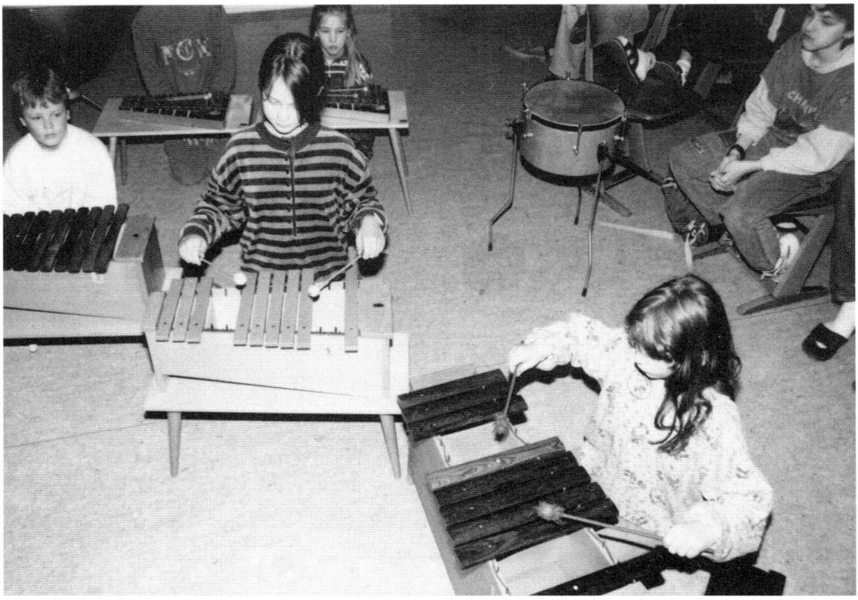

Alle Rhythmus-Instrumente liegen vor dem Stuhl. Sie werden erst bei Bedarf in die Hand genommen. Analog zum Holen organisieren wir auch das Zurückbringen der Instrumente.
Die Schlägel teile ich erst aus, wenn die Instrumente gespielt werden sollen. In den ersten gemeinsamen Musikstunden achte ich besonders auf die günstige Schlägelhaltung: Die Hand ist locker zu einer Faust geformt. Zwischen dem abgebogenen Zeigefinger und dem Daumen wird der Schlägelschaft eingeklemmt. Die Griffrillen des Schaftes liegen auf dem Daumenballen auf. Dann wird die Hand so gedreht, daß der Handrücken nach oben weist. Einhändiges Spiel vermeiden wir: Gleiche Töne werden abwechselnd links-rechts gespielt.
Die Stabspiele klingen am besten in der Mitte des Stabes. Am Rand kann lediglich ein Wirbel erzeugt werden.

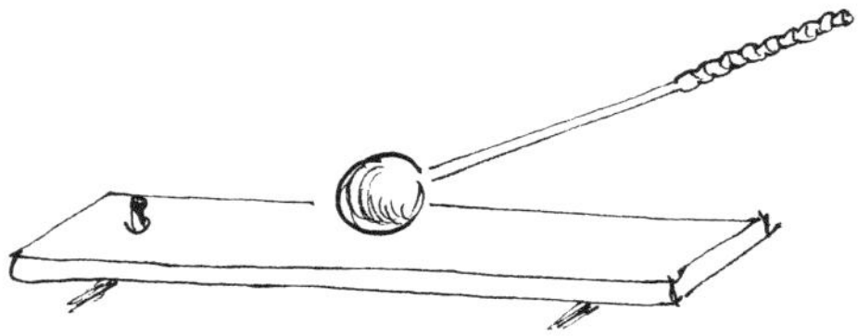

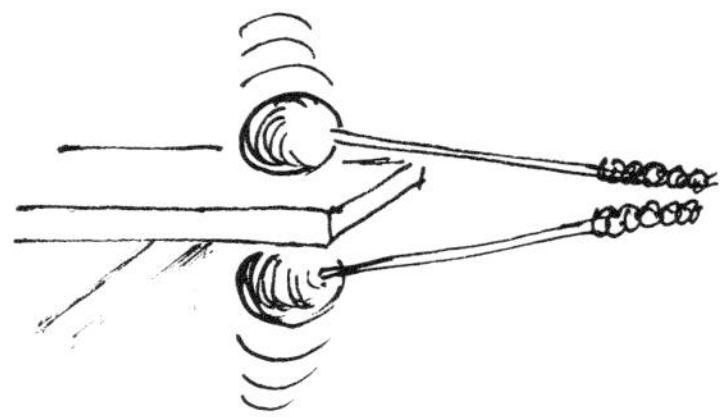

Auch die Rhythmus-Instrumente benötigen eine Spieltechnik. Spiel- und damit Schallvarianten erfinden die Kinder am besten bei Schallgeschichten.
Die Handtrommel wird in der Regel mit der Hand, d. h. mit gestreckten Fingern oder dem Daumenballen angespielt. Dazu muß sie mit der linken Hand in Brusthöhe gehalten werden. Eine beidhändige Spielweise wird durch das Einklemmen der Handtrommel zwischen die Knie erreicht.
Für den Anschlag werden die Finger jeder Hand zum Handrücken hin gespannt. Anschlagen können wir entweder nur mit dem Zeigefinger oder mit den drei mittleren Fingern jeder Hand. Diese Anschlagart kann auf Bongos und Congas übertragen werden.
Eine Große Trommel, wie wir sie von der Blasmusik her kennen, ist als Grundschlaginstrument bestens geeignet. Damit sie nicht zu lange nachklingt, können wir sie mit einer Fellseite auf den Boden legen und mit einer Hand die waagrechte Spielfläche etwas dämpfen.
Die Schellentrommel wird am besten mit der linken Hand waagrecht gehalten, damit die Schellen nicht ungewollt nachpendeln.
Für Schlagstäbe kann die Halthand einen kleinen Hohlraum bilden, auf den ein Stab gelegt wird. Mit dem zweiten wird daraufgeschlagen.

Exakte Spieltechnik auf Handtrommel, Bongos und Pauken

Das Übertragen der Begleitung auf ein Instrument

Das Spiel auf der Schellentrommel

Anschlagarten für Schellenstab (Schellen, Rasseln)

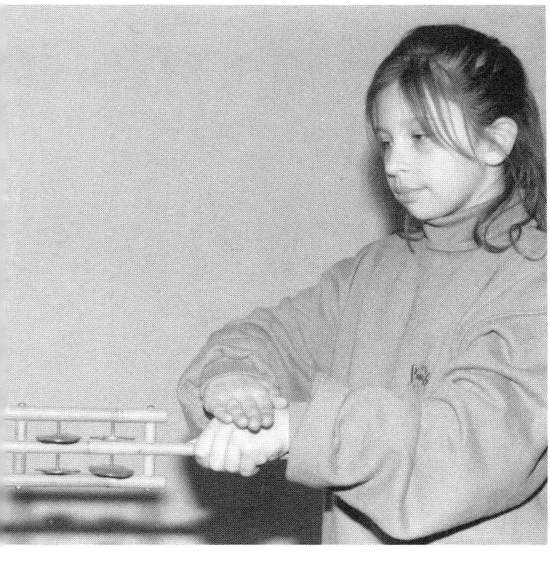

Alle Schellen- und Rasselinstrumente klemmen wir für exaktes rhythmisches Spiel wie einen Schlägel in die Haltehand. Mit der Spielhand erschüttern wir entweder die Haltehand oder das Instrument.
Fünfundzwanzig oder dreißig Kinder können nicht einfach drauf losspielen. Deshalb brauchen wir für das Spiel feste Regeln. Wir vereinbaren Zeichen, bei denen es absolut ruhig werden muß, wann die Schlägel bzw. Kleininstrumente in die Hand genommen werden, wann gewechselt wird usw. Durch diese stumme Symbolsprache kann auch der Lehrer zur Konzentration beitragen.
Werden Instrumente an andere Schüler weitergegeben, so muß dies ebenfalls ohne Lärm ablaufen: Die Spieler zeigen den Folgespielern die benötigten Töne und deren Spielrhythmus. Die Neuen übernehmen, werden von den Abgebenden einmal kontrolliert und spielen dann selbständig. Je einfacher die Begleitform, desto günstiger ist die Möglichkeit, einmal wieder alle Kinder an den Instrumenten durchwechseln zu lassen.

Vorbereitende Spiele zur Instrumentaltechnik

Das gemeinsame Spiel verlangt den Kindern ein hohes Maß an Konzentration ab. Auge, Ohr, Tast- und Bewegungssinn sind dabei gleichermaßen gefordert. Diese Konzentration muß in jeder Stunde neu hergestellt werden.
Deshalb ziele ich in locker aneinandergereihten kurzen Spielen zu Stundenbeginn zuerst auf Konzentration und Reaktion ab:

- Die Kinder machen alle Bewegungen des Lehrers spiegelbildlich mit, z. B. rechte Hand heben, mit der linken seitwärts zeigen, Wellenbewegung der Arme vor dem Körper, patschen, klatschen, auch einmal stampfen. Abwechselnde Klanggesten im einfachen Grundschlag mit Pausen konzentrieren ebenfalls sehr.

Genauso kann der Lehrer durch das Mitvollziehen der Kinder eine günstige Sitzhaltung herbeiführen:

- Ich lehne mich bequem zurück, schlage die Beine übereinander, stelle die Beine dann nebeneinander, richte mich langsam auf, mache Schultern und Arme frei und rutsche aufgerichtet auf die vordere Hälfte des Stuhles.

Dies alles geschieht ohne einen einzigen sprachlichen Appell!
Jetzt sind wir bereit, das rhythmische Gefühl und die körperliche Koordination zu entwickeln.

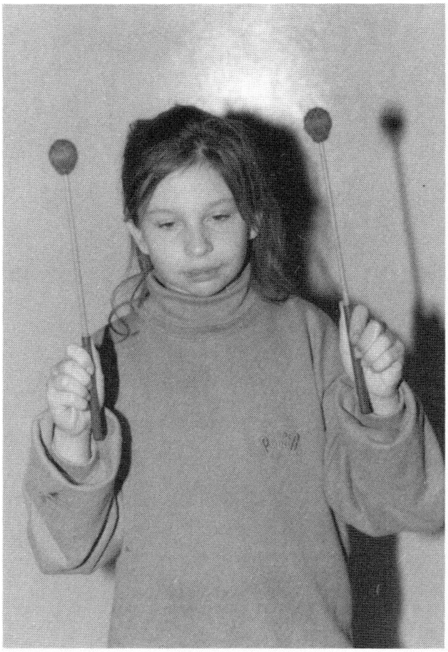

Die richtige Schlägelhaltung

Herausgenommene Stäbe erleichtern das Spiel

– Spiegelbildlich gibt der Lehrer Rhythmen vor; die Kinder wiederholen sie im Echospiel. Dies können die später benötigten Grundschlagarten oder rhythmische Ostinati sein, z. B.:

Dies alles geht relativ schnell vonstatten. Acht solche kurze rhythmische Elemente mit dem Echo der Schüler dauern nur ca. 30 Sekunden.
Für die Stabspiele brauchen wir – analog zum Fingersatz beim Klavierspiel – einen Handsatz. Diesen können wir in einem weiteren Spiel durch Patschen vorbereiten, etwa so:

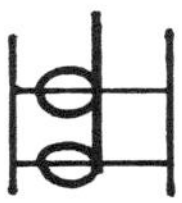

Beidhändiges Patschen auf beiden Knien

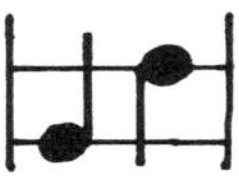

Abwechselndes Patschen links-rechts (für den Lehrer spiegelbildlich: rechts-links!)

Vom Lehrer aus gesehen:
a) Rechte Hand auf rechtem Knie
b) Linke Hand auf linkem Knie innen
c) Rechte Hand auf linkem Knie außen

Da die zuletzt gezeigte Form mit dem Übergreifen der Hand bestimmt nicht alle Kinder auf Anhieb spielen können, werden wir die Bewegung langsam aufbauen und so lange üben, bis alle die Bewegungskoordination beherrschen.
Falls die Kinder mit der Anschlagtechnik der Stabspiele Schwierigkeiten haben (weil sie die Schlägel auf die Stäbe pressen und nicht schlagen), brauchen wir vorbereitende Übungen dafür. Wir imitieren das Anschlagen entweder durch Patschen oder nehmen einmal in dieser Phase dafür die Instrumente her. Die Anweisungen können lauten:

– Wir lassen die Schlägel bzw. Hände wie Flöhe hochspringen.
– Wir hüpfen über ein heißes Blechdach.

Auch das Gegenteil muß erfahren werden können:

– Unsere Hände bzw. Schlägel kleben, platschen, bleiben sitzen usw.

Aus diesen Möglichkeiten kann ich für jede Stunde ein paar auswählen und damit die Technik vorüben. Das hat den großen Vorteil, daß während der Gestaltungsphase nicht mehr mühsam geübt werden muß.

Kurz zusammengefaßt:
Durch Vorbereitende Spiele zentrieren wir die Aufmerksamkeit und entwickeln rhythmisches Gefühl und körperliche Koordination. Zugleich werden Sitzhaltung, Anschlagrichtung und Begleitstruktur vorgeübt.

Das Übertragen der vorgeübten Begleittechnik auf die Instrumente

Ich lege großen Wert darauf, daß möglichst alle Kinder zumindest die einfachen Begleitformen sofort spielen können. Zudem lasse ich, damit keine unnötige Unruhe aufkommt, alle Kinder die Begleitart auf Körperinstrumenten mitspielen, während ein Kind oder mehrere Kinder sie auf das Instrument übertragen. Wenn wenigstens zwei Kinder die gleiche Begleitform spielen, stützen sie sich gegenseitig.
Beim Spiel auf Rhythmusinstrumenten klatschen wir alle den Rhythmus mit. Bei zweiflächigem Anschlag – dafür benötigen wir beide Hände – üben alle durch Patschen mit.
Das Gleichmaß von Grundschlagbegleitungen oder ostinaten Formen auf Stabspielen bereitet manchen Kindern Schwierigkeiten. Sie möchten gerne bei Pausen im Liedrhythmus auch die Begleitung unterbrechen. Unser Ziel ist jedoch, das Gleichmaß wie eine Maschine oder eine Uhr durchzuhalten. Dies erfordert Gewöhnungszeit. Das Ohr allein wäre überfordert: Kinder schauen auf die spiegelbildliche Bewegung des Lehrers, imitieren sie und werden durch die Kontinuität ihrer eigenen Armbewegung in Fluß gehalten.
Für die Stabspiele haben wir in den Vorbereitenden Spielen die Bewegungsabfolge, den Handsatz (rechts/links) und die rhythmische Struktur (Geschwindigkeit) schon vorbereitet. Während der Liedübermittlung kann der Lehrer zudem die grundlegende und wichtigste Begleitart auf Körperinstrumenten mitspielen lassen.
Wenn das Lied in Text und Melodie erfaßt ist, können wir es mit Stabspielen gestalten. Aus den Beobachtungen der beiden beschriebenen Vorübephasen für Instrumentaltechnik kann der Lehrer nun zuerst die sicheren Kinder heraussuchen. Die unsicheren haben noch Zeit, auf Körperinstrumenten mitzuüben.
Den ausgewählten Spielern werden auf dem Instrument die Töne gezeigt. Der Lehrer macht vor dem Instrument spiegelbildlich die Abfolge der

Schlagbewegung auf den Knien mit. In gleicher Weise kann behutsam jede weitere Begleitstimme dazugeordnet werden.
Der Anfang muß geregelt werden: Wir atmen gemeinsam ein und ziehen dabei die zuerst spielende Hand hoch.
Auch der Schluß eines Liedes muß vereinbart werden: Spielen die Kinder noch eine Anzahl von Takten nach, winkt der Lehrer mit einer wegnehmenden Handbewegung die Begleitung ab oder hören die Kinder am Schluß jeder Strophe selbständig auf? Wenn ein Lied noch ziemlich neu eingeführt und seine Länge noch nicht ganz gewohnt ist, müssen wir oft akustische Abgrenzungen zu Hilfe nehmen. Der Lehrer kann z. B. die Begleitung beenden mit den Worten:
„Und – jetzt – ist – Schluß!“

Ungünstig wäre es meines Erachtens, in solchen Eindrucksphasen sofort alle, auch unsichere Kinder, an die Instrumente zu holen. Dafür nehmen wir uns in den Folgeeinheiten Zeit.

Kurz zusammengefaßt:
Die vorgeübten Begleitformen werden von den sicheren Kindern sofort auf Instrumente übertragen. Alle Kinder spielen auf Körperinstrumenten mit. Wir vereinbaren Anfang und Schluß.

5. Ein Blick auf die ganzheitliche Liedgestaltung

Musische Erziehung und musisches Tun nehmen einen gewichtigen Stellenwert im Bemühen um eine ganzheitliche Erziehung ein. Wir sprechen die Kräfte der Seele an, schaffen Raum für Phantasie und ermöglichen dadurch Kreativität.

5.1 Musik – Sprache – Bewegung als Einheit

Carl Orff hat seine ganze musikerzieherische Arbeit unter diesem Aspekt gesehen. Der Zusammenhang von gestalteter Bewegung, formbarer Sprache und musikalischem Ausdruck, ja die Einheit dieser Gestaltungselemente, wird heute nicht nur vom Orff-Institut in Salzburg als Ideal verbreitet.

Musik, Sprache und Bewegung waren ursprünglich eine ganzheitliche menschliche Ausdrucksform. Reste davon können wir heute noch im Phänomen der Körpersprache entdecken. Vieles ist verkümmert, manches davon ist uns buchstäblich „zu Kopf gestiegen“.

Musizierformen wie das Lied sind ganzheitlich angelegt. Im Tun werden unterschiedliche Ebenen unserer Seele angesprochen. Trotz des festgelegten Rahmens bleiben große Möglichkeiten für kreatives Gestalten.

5.2 Die tänzerische Gestaltung (Bewegungsgestaltung)

Tanz meint in der Fachsprache gestaltete Bewegung. Viele unserer Lieder bieten Anlaß und Raum dafür. Anhand einiger weniger Möglichkeiten aus der reichhaltigen Auswahlpalette möchte ich den Blick auf die Ganzheitlichkeit hin öffnen.

In unserer zivilisierten Welt haben wir seit Generationen lernen müssen, Mitteilungen über den Körper einzudämmen, auch Gefühle nicht unkontrolliert zu zeigen. Dies hat die natürlichen Ausdrucksfähigkeiten stark rückentwickelt.

Will ich demzufolge mit meinem Körper eine Aussage machen, so muß ich den Ausdruck mächtig intensivieren und übertreiben, weil ich sonst auf den anderen keinen Eindruck machen kann. Auch das Kind – es reagiert noch etwas spontaner als der Erwachsene – muß an sich selbst diese Fähigkeiten wieder entdecken. Die noch vorhandenen Reste werden wir freilegen und sie durch Bewegungstechnik intensivieren. Sie sollen für den Adressaten unserer Aussage sofort erkennbar sein.

Die Gesetze der Elementarpantomime

Dazu können die Gesetze der Elementarpantomime verhelfen. Es ist möglich, sie grundsätzlich auf jede Bewegungsgestaltung zu übertragen:

- ○ Die Gruppe stellt synchron dar. Das potenziert die Wirkung. Auflösungen dieses Prinzips sind möglich, wenn alle miteinbezogen werden. Manchmal sind Gegensätze notwendig: Solo-Tutti.
- ○ Wir stellen nur das Wesentliche dar: Was ist Kernaussage, was schmückendes Beiwerk? Wesentliches können wir durch intensives – auch zeitintensives – Spiel hervorheben.
- ○ Bewegungsabläufe werden in Zeitlupe gespielt. Das Auge des Zuschauers kann zu schnelle Bewegungen nicht verfolgen. Die geführte, kontrollierte Bewegung intensiviert Ein- und Ausdruck.
- ○ Nur durch Übertreibung wird unsere Aussage wirklich eindrucksvoll, wird zum bewußten Ausdruck. Wir müssen die Grenzen der polaren Ausdrucksmöglichkeiten ausschöpfen.

Bedingungsfaktoren für gestaltete Bewegungen

Gestaltete Bewegung meint immer etwas Aktives, Dynamisches, das nur selten durch Statisches unterbrochen wird. Diese Bewegung wird durch drei Faktoren bedingt: durch die Bewegungsarten, durch die Raumform und durch den Raumweg. Die folgende Übersicht will den Zusammenhang erkennen lassen. Die Bewegungsarten habe ich nach Rudolf Laban (Lit. 13) aufgelistet.

Tänzerische Gestaltung – Bewegungsgestaltung – Körperlicher Ausdruck

Bewegungsarten

- Fortbewegung
- Ruhe (Balance)
- Hoch-Tief-Bewegung
- Drehung
- Gestik (Mimik, Pantomime)

Raumform

- Kreis, Halbkreis
- Kette, Schlange
- Block

Raumweg

- rechts, links
- vorwärts, rückwärts
- seitwärts
- in Kurven

Gestaltungsmöglichkeiten

Für die tänzerische Liedgestaltung steht uns eine ganze Reihe von Gestaltungsmöglichkeiten zur Verfügung. Manches davon betont schwerpunktartig die Raumform, anderes die Bewegungsarten, den Raumweg oder Kombinationen. Aus der Vielfalt sollen hier ein paar Möglichkeiten gezeigt werden:

- Der Reigen
  ist die einfachste gemeinsame Kreisform. In ihm können wir beispielsweise bei Wiederholungen oder nach bestimmten Phrasen die Richtung wechseln.
  - Es tanzt ein Bi-Ba-Butzemann
  - Ging ein Weiblein Nüsse schütteln
  - Kuckuck, Kuckuck
  - Has, Has, Osterhas
  - Winter ade
- Der Kreistanz
  ist die schon etwas anspruchsvollere Variante des Reigens. Die Raumwege führen auch zur Kreismitte und wieder zurück. Tanzgesten, unterschiedliche Schrittarten und Drehungen sind möglich. Der Tanz kann

auch nur für den Refrain oder für gemeinsame Teile aller Strophen hergenommen werden.

- A, a, a, der Winter der ist da
- Auf der Brück von Avignon
- Der Herbst ist da
- Ein Männlein steht im Walde
- Heute tanzen alle

– Pantomimische Elemente zum Lied
stellen Mimik und Gestik in den Vordergrund. Die Aussage der Arme, der Körperhaltung, des Gesichtes und Kopfes werden besonders wichtig. Sie kann in die Kreisformen miteingearbeitet werden.

- Ding dong digidigi dong
- Meister Jakob

– Elementarpantomime als Zwischenspiel
bietet die Möglichkeit, sich musikalisch ganz auf das Lied und seine Begleitung zu konzentrieren. In frei ablaufender oder musikalisch geführter Bewegung werden die Inhalte der Strophe mit anderen als sprachlichen Mitteln noch einmal zum Ausdruck gebracht.

- In Mutters Stübele
- Der Kuckuck und der Esel
- Der Mond ist aufgegangen

Tanzgestaltung setzt voraus, daß Bewegung entwickelt und geschult wird. In „Musik – Sprache – Bewegung" (Lit. 4) habe ich dies ausführlich erläutert. Einmal erarbeitete Bewegungsformen stehen den Kindern als Repertoire für eigene Gestaltungsideen zur Verfügung. Deshalb lasse ich von Zeit zu Zeit in Gruppen zu einem Lied Gestaltungsvarianten erfinden.
Anhand einiger ausführlicher Darstellungen möchte ich versuchen, die oben aufgeführten Möglichkeiten zu konkretisieren.

Beispiele

Tanzgestaltung zum Lied „Wir bauen einen Schneemann" (Seite 68)
geeignet ab dem ersten Schuljahr

A Das Lied selbst wird im Reigen getanzt, gewürzt mit Klanggesten einer Drehung und einem pantomimischen Element.

Takt

1–2 4 Gehschritte in Tanzrichtung, d. h. gegen den Uhrzeigersinn
3–4 Stehen mit Blick zur Mitte, dabei in linker Schulterhöhe klatschen, dann in rechter, das ganze wiederholen.
5–6 4 Gehschritte im Uhrzeigersinn, also im Kreis nach links
7–8 Drehung am Platz um die eigene Achse, dabei mit den Armen einen dicken Bauch andeuten

Der ganze Liedteil wird wiederholt.

B[1] Die Sprechstücke (Strophen) leben von den pantomimischen Elementen

Takt

1–2 4 langsame Gehschritte in Richtung Kreismitte, dabei das „Rollen“ und „Schieben“ nachahmen
3–4 Die imaginäre Schneekugel festklopfen
5–6 Im Zurückgehen große und kleine Kugel anzeigen
7–8 Im Stand (Ausgangspunkt) analog zum Sprechrhythmus den Schnee von den Händen klopfen

A Es folgt das Lied

B[2] Jedes Kind macht sich selber zum Schneemann:

Takt

1–2 Gelbe Rübe und alten Topf anbringen
3–4 Kohlestücke eindrücken
5–6 Besen darstellen
7–8 Wie B[1]

A Es folgt abschließend das Lied.

Tanzgestaltung zum Lied „Rums didel dums didel Dudelsack“ (Seite 55)
geeignet ab dem zweiten Schuljahr

Ausgangspunkt ist eine Reigenaufstellung. Von anfänglichen pantomimischen Elementen im Stand entwickelt sich die Kreisbewegung. Das Lied hat zwei Abschnitte.

Im ersten wird jeweils am Anfang jeden Taktes – analog zur Begleitung – das betreffende Instrument dargestellt: Dudelsack – Fidel (oder Geige) – Pauke. Dabei kann viermal die Position im Stehen verändert werden.

Der zweite Liedteil kann jeweils durch Hüpfen auf der Kreisbahn, eventuell mit lustigen Narrenbewegungen der Arme, einen Kontrast bilden.

Tanzgestaltung zum Lied „Sankt Martine“ (Seite 56)
geeignet ab dem dritten Schuljahr

Das Lied beschreibt die Legende des hl. Martin. Die Sprache stammt aus früherer Zeit. Entstanden ist es in der Gottschee. Es eignet sich für Elementarpantomime zu oder nach den gesungenen Strophen. Der ernste Inhalt des Liedes darf jedoch nicht durch Nebensächliches lächerlich gemacht werden. Deshalb muß aus jeder Strophe das Wesentliche herausgefiltert werden. Als Raumform ist ein Kreis zu empfehlen.

Text	Bewegungsvorschlag
1. Wie früh ist auf Sankt Martine, der heilige Sankt Martine. Er reitet dahin am Wege breit, der heilige Sankt Martine.	Alle stehen in Kreisanordnung. Sie machen eine Geste des Einhüllens, um die Kälte abzufangen. Langsames Schreiten im Kreis, (unterwegs sein) – anhalten.

Text	Bewegungsvorschlag
2. Am Wege da sitzt ein alter Mann: „So teilt mir was, in Gottes Nam.“ „Was will ich euch teiln, in Gottes Nam“, so saget der Sankt Martine.	Alle knien im Fersensitz am Boden. Dreimaliges Flehen der Hände in Richtung Kreismitte, schräg nach oben. Langsames Wegnehmen der Bewegung, aufstehen, langsames gemeinsames Achselzucken.
3. Er schneidet den Mantel mitten entzwei, der heilige Sankt Martine. „Nimm hin, nimm hin, du alter Mann“, so sagte der Sankt Martine.	Alle schlagen ihren Umhang von der rechten Schulter aus auf. Langsames Durchtrennen mit dem rechten Arm, Geste des Überreichens nach unten.
4. „Ich bin es nicht ein alter Mann, du heiliger Sankt Martine, ich bin es nur der liebe Gott, du heiliger Sankt Martine.“	Alle treten voll Erstaunen, Ver-Wunder-ung einen Schritt zurück und verbergen dann ihr Gesicht. Langsames Verändern der Hände nach oben zu einer offenen Gebetshaltung.

Wichtig ist, daß alle Bewegungen in Zeitlupe dargestellt werden. Die Bewegungsaussage muß aus dem gelösten Zustand erfolgen und am Schluß wieder langsam gemeinsam aufgelöst werden.

Tanzlied aus Israel „Leg deine Hand“ (Seite 70)
geeignet ab dem dritten Schuljahr

Das Wesentliche der tradierten Bewegungsabfolge wurde auf die Bedürfnisse der Kinder zugeschnitten. Musikalisch gliedert sich das Lied in A – A’ – B. Der erste Teil wird zuerst langsam, in normalem Grundschlag gespielt. Die Wiederholung erfolgt in schnellerem Tempo. Im B-Teil schließlich ist eine Verdoppelung des Tempos eingetreten.
Grundaufstellung ist der Paarkreis.

Text	Tanz	
Leg deine Hand in meine Hand, leg deine Hand in meine Hand.	Die Tänzer des Innenkreises bieten ihre rechte offene Hand an. Die Tänzer des Außenkreises legen ihre linke Hand in die geöffnete, dann das gleiche mit der anderen Hand.	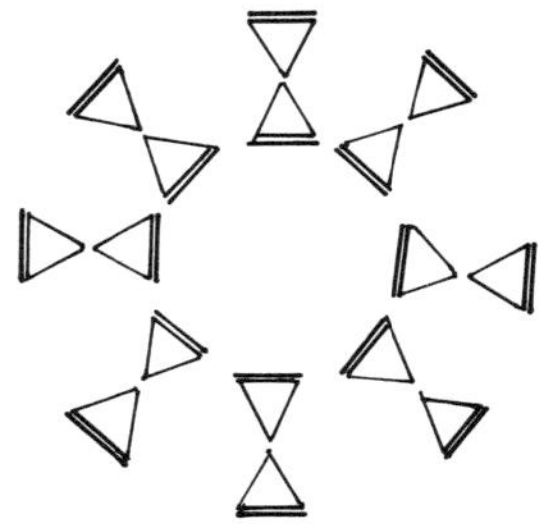
Ich tanz mit dir, du tanzt mit mir, ich tanz mit dir und du tanzt mit mir.	Die Partner halten sich an den Händen. Zwei Anstellschritte gegen die Tanzrichtung (im Uhrzeigersinn), zwei Anstellschritte in Tanzrichtung. Das ganze wiederholen.	
Hei, hei Galile, Mädchen aus den Bergen	Zweimal klatschen (hei, hei), dann rechts eingehängt umeinander herumhüpfen, zweimal klatschen, dann das gleiche links.	

Diese vier Beispiele mögen als Ideenspender für tänzerisches Gestalten genügen. Vorschläge für weitere Lieder finden Sie in „Musik – Sprache – Bewegung“, Prögel, Praxis 92 (Lit. 4).

5.3 Beispiel einer Unterrichtsplanung

Ganzheitliches Liedgestalten besteht – wie wir gesehen haben – zumindest aus Singen, Musizieren und Tanzen. Freilich werden wir bei der Planung einer Sequenz Schwerpunkte setzen. Am Anfang wird die Übermittlung des Liedes im Vordergrund stehen, abgerundet von einfacher tänzerischer oder einfacher musikalischer Gestaltung. In den Folgeeinheiten können wir Teilbereiche intensiver gestalten und uns selber am Schluß eine ganzheitliche Aufführung bieten.

Manche Lieder sind mit einfachen Mitteln auch in ganz kurzer Zeit schon ausgestaltet. Solche Lieder kann man möglicherweise in einer Musikstunde übermitteln und gleichzeitig mit Musik und Bewegung aufbereiten.

Mögliche Sequenzen

○ *Sequenz „Es tanzt ein Bi-Ba-Butzemann"*

1. Einheit: Lied übermitteln
Text und Melodie sichern
Musikalische Gestaltung: Grundschlagarten (Rh)
Tänzerisches Gestalten: A Reigen, B Improvisationen
2. Einheit: Lied sichern
Musikalische Gestaltung: Bordun + Grundton
Tanz ausbauen
Ablauf planen und durchführen

Bei Bedarf
3. Einheit: „Gesamtgestaltung"
Elemente wiederholen und ausbauen
Ablauf festlegen und ausführen

○ *Sequenz „St. Martine"*

1. Einheit: Lied übermitteln
Text und Melodie sichern
Einfache musikalische Gestaltung: Schweifender Bordun
2. Einheit: Lied sichern, Text in Symbolen
Elementarpantomime entwickeln
Gruppenarbeit: Eine Strophe gestalten
Ablauf: Lied – Elementarpantomime
3. Einheit: Musikalische Gestaltung: parallele Dreiklänge auf Flöten oder mehreren Stabspielen
Intensivieren der Bewegung
Gesamtgestaltung planen und durchführen

Bei Bedarf
4. Einheit: Gesamtgestaltung planen
Gestaltungsablauf

○ *Sequenz „Leer sind die Felder“*

1. Einheit: – Lied übermitteln
   – Text und Melodie sichern
   – Musikalische Gestaltung, verteilt auf drei Spieler: Bordun (AM) – Grundton 1–8 (AX) – Stufen BX
   – Musikalischer Ablauf
2. Einheit: – Stimmpflege am Lied, Lied sichern
   – Musikalische Gestaltung ausbauen: Füllstimmen zu den Baßfundamenten
   – Musikalischer Ablauf

Detailplanung

Spannende Musikstunden müssen – wie jeder andere Unterricht auch – grob geplant, im Detail überlegt und gut organisiert werden. Dazu können schriftliche Unterrichtsentwürfe recht hilfreich sein.
Grundsätzlich hat sich bei Liedgestaltungseinheiten die klassische Dreigliederung bewährt:

1. Vorbereitende Spiele und Übungen
2. Liedübermittlung und Sicherung
3. Gestaltung

Die Vorbereitenden Spiele wähle ich gemäß dem Schwerpunkt der Stunde aus. Will ich nur musikalisch gestalten, werde ich Übungen zur Bewegungstechnik ausklammern. In jedem Fall werde ich Konzentration und Reaktion spielerisch reizen und die Stimme verfügbar machen.

An Vorbereitenden Spielen sind denkbar:

a) – Spiele zur Konzentration (auf Beckenklänge hören und reagieren)
   – Spiele, die Reaktion verlangen (Mitvollziehen von Klanggesten oder Echospiel)
   – Spielerisches Vorbereiten der Schlagtechnik für die Instrumente
b) – Spielerisches Umgehen mit der Sprache (Formung der Vokale und Konsonanten)
   – Stimmpflegende Übungen (siehe Kapitel 1.2)
   – Spielerisches Erfassen des Tonraumes (siehe Kapitel 1.2)
c) – Entwickeln der Grundbewegungsarten im Spiel
   – Spielerische Bewegungsintensivierung im Detail (Hoch-Tief-Bewegung bei „bitten“)

- Erfassen von Raumformen (Reaktionsspiele: Kette bilden, Kreis, Block etc.)

Die Übermittlungsphase will den Kindern Text, Melodie und Hintergrund vermitteln. Das Lied müssen sie sich „einverleibt" haben, ehe eine Gestaltung begonnen werden kann. Also ist ein ausreichendes Sichern Voraussetzung.

a) Die Übermittlung beginnt mit der Einstimmung: Rätsel, Lehrererzählung, Vermutungen zu einem Stichwort, Deutung eines Symbols.
b) Die Übermittlung erfolgt in der Grundschule weitgehend ganzheitlich:
   Der Lehrer wird das Lied als Ganzes vorsingen.
   Alle begleiten auf Körperinstrumenten.
   Im Gespräch tragen alle zusammen, was sie sich gemerkt haben.
c) Sichern des Textes (Inhalt) – siehe auch Kapitel 1.1 – Möglichkeiten:
   - Das Wesentliche wird in Merksymbolen auf Tafelfelder gemalt.
   - Der Text wird auf Gruppen verteilt und abgerufen.
   - Lautes und leises Sprechen, deutliches Flüstern
   - Stummes „Sprechen"
d) Sichern der Melodie – siehe auch Kapitel 2.3 und 3.1
   - Ein Instrument (Flöte) spielt die Melodie vor.
   - Alle zeigen den Melodieverlauf mit der Hand mit.
   - Vorbereitete Melodielinien erkennen und zuordnen
   - Einzelne Wörter aus dem Text bestimmten Stellen zuordnen
   - Lautes und „stummes" Singen im Wechsel
   - Das ganze Lied mit einfacher Begleitung (Klanggesten) absingen

Jetzt erst kann eine Gestaltungsphase einsetzen. Manchmal genügt eine ganz einfache Begleitung auf Stabspielen oder eine einfache Bewegung, um die Einheit abzurunden. Sind Text und Melodie kürzer, bleibt uns für die Gestaltung mehr Zeit. So ist es auch denkbar, daß eine einfache musikalische Begleitung und eine kleine Bewegungsdarstellung in der ersten Einheit Platz haben.
Die Möglichkeiten musikalischer Gestaltung (also rhythmische, melodische und harmonische Begleitarten) habe ich in diesem Buch ausführlich dargestellt.
Beispiele tänzerischer Gestaltung sind in Kapitel 5.2 zu finden.
Die grundlegenden Möglichkeiten methodischer Planung möchte ich in zwei detailliert beschriebenen Unterrichtssequenzen (Stundenbildern) verdeutlichen.

Stundenbilder zur Lied- und Textgestaltung
„Wir bauen einen Schneemann“

A Inhalt

Entstanden ist dieses Liedchen aus der Not: Wir wollten gerne einen Schneemann bauen, hatten jedoch keinen Schnee. So überlegte ich mit einer Gruppe von Erstkläßlern, wie wir dieses Vorhaben in unserer Phantasie verwirklichen könnten, was wir tun müssen, was wir brauchen . . .
Die Melodie ist pentatonisch angelegt. Sie benötigt die Töne 1, 2, 3, 5 und 6 der Leiter. Mit Bordun und Ostinato kann sie mühelos begleitet werden.

B Gestalterische Möglichkeiten

– musikalisch: siehe Seite 68
– tänzerisch: siehe Seite 103

C Stundendarstellung

Ausnahmsweise werden in der ersten Einheit fünf methodische Schritte notwendig, weil Lied *und* Sprechteil übermittelt und gestaltet werden sollen.

ERSTE EINHEIT

1. Vorbereitende Spiele

Bewegungsschulung	KK	verteilen sich im Raum.
Koordination	L	schlägt Becken an,
	KK	werden mit Klang groß und rund, klein und rund.
	L	spielt Grundschlag, unterbricht:
	KK	gehen dazu, solange gespielt wird.
Konzentration *Reaktion* *Schlagtechnik*	L/KK	Mitvollziehen von spiegelbildlich gespielten Klanggesten; Übergang zu Begleitform durch Patschen
Stimmpflege	L/KK	Sirenen-Singen: Die Handbewegung zeigt den Sirenenausschlag an.
	L/KK	Nachsingen von melodischen Bausteinen, z. B.

2. Übermitteln des Liedteils

Einstimmung	L	Tafelzeichnung als Rätsel: (... Schneemann) 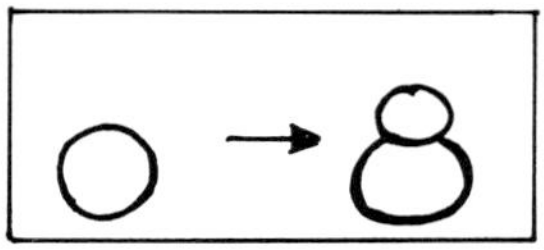
		Gespräch: Wie baut man einen Schneemann?
Übermitteln	L	singt das Lied ganzheitlich vor,
	KK	begleiten durch Patschen.
Sichern des Textes		Was hast du dir gemerkt? Wir verteilen den Text auf Gruppen. Stummes und lautes Sprechen.
Sichern der Melodie		Die Flöte spielt die Melodie vor. Alle zeigen die Linie mit der Hand mit.

3. Einfaches Gestalten des Liedes

Bewegung	KK	Kreisaufstellung: Alle vollziehen die Bewegungen des Lehrers mit.
Musik	K	Ein Kind darf auf dem BX den Bordun mitspielen.

4. Übermitteln des Sprechteils

Einstimmung		Gespräch: Was mußt du tun, damit ein Schneemann entsteht?
	KK	(... rollen, schieben, festklopfen usw.)
Übermitteln durch	KK	Aufstellung: Richtung Kreismitte.
Handeln	L	Elementarpantomimische Elemente begleiten den Text.
	KK	vollziehen mit.

5. Einfacher Gestaltungsablauf

Vorschlag:		Lied mit Tanz – Sprechteil und Darstellung 1. Strophe – Lied mit Tanz – Sprechteil und Darstellung 2. Strophe – Lied mit Tanz

ZWEITE EINHEIT

1. Vorbereitende Spiele

Stimmpflege	L/KK	Vor- und Nachsingen der melodischen Bausteine (Schni- Schna- Schnee) Formen der Vokale
Bewegungsdifferenzierung	KK	Gehen zum Grundschlag (L); Halten, Richtung ändern
	KK	Zeig mir ohne Worte ganz übertrieben, wie man rollt, schiebt, klatscht usw., wie eine große Kugel, eine kleine Kugel aussieht.
Schlagtechnik	L/KK	Mitvollziehen der Schlagtechnik auf den Knien

2. Sichern des Liedes und des Sprechstücks

Text des Liedes	KK	Stumm formen, erraten flüstern Stummes und lautes Sprechen
Text des Sprechstücks	K	Tafel:  Zuordnen der gemerkten Textteile durch Farbkreide, durch Gestik
Liedmelodie	K	Ordne die Melodielinien: 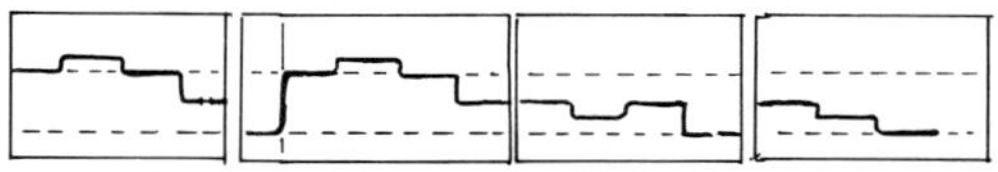
	K	3 1 2 4
	KK	singen das ganze Lied

3. Gestaltung

Sprechteil	K	Unterstreichen der Bewegungen durch Rhythmus-Instrumente
	KK	Festlegen des Bewegungsablaufs
Lied	K	Zuordnen des Ostinato zum Bordun (falls die Kinder es verkraften!) Aufbereiten des Tanzes
Gesamtablauf		Planendes Gespräch Durchführen ohne Unterbrechung

Stundenbilder zur Liedgestaltung „Hejo, spann den Wagen an“

A Inhalt

Gerade zur Erntezeit ist für den Bauern das Aufziehen eines Gewitters recht problematisch. Allenthalben versucht man, möglichst viel von der Ernte trocken einzubringen. Bevor Maschinen die Arbeit vereinfacht haben, mußten die nachgetrockneten Garben besonders sorgsam behandelt werden. Deshalb zeichnet die Aufforderung, den Wagen anzuspannen, Sorge und Hektik der Situation nach.
Die Melodie ist als Kanon komponiert. Sie benötigt den Tonumfang einer Oktave. Als Tonraum dient das natürliche (äolische) Moll.

B Gestalterische Möglichkeiten

- musikalisch: siehe Seite 58.
  Der dreistimmige Kanongesang ist ein weiteres Gestaltungsmittel.
- tänzerisch:
  In einer vierten Klasse können abstrakte Symbole recht gut Bewegungsideen hervorbringen. Ich stelle mir vor, daß beim Anspannen mehrere Hände zusammenkommen müssen. Das Treiben kann am besten in der Fortbewegung deutlich werden, das Holen durch Körperdrehung. Deshalb habe ich folgende drei Symbole ausgewählt:

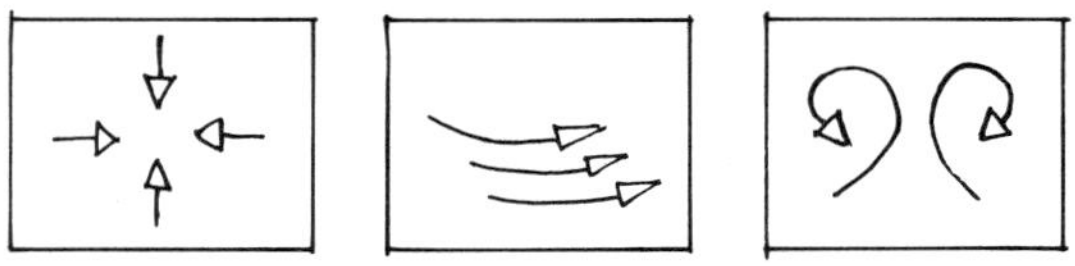

Anhand der Grafiken können die Kinder ihre Bewegungsideen entwickeln. Diese werden in Gruppenarbeit in feste Bewegungsabläufe gebracht: Besprechen – ausprobieren!
Möglich ist, alle Gruppenvorschläge zur Gestaltung zu verwenden, d. h. jede Gruppe tanzt ihre eigene Form.
Ebenso durchführbar ist auch die Möglichkeit, daß alle sich auf einen Gestaltungsvorschlag einigen. Die Bewegungen müssen in jedem Fall sehr übertrieben gestaltet werden, um Aussagekraft zu erhalten.
Auch der Tanz kann im Kanon einsetzen. Dies ist eine hohe Form von Bewegungsgestaltung. Sie eignet sich sehr für Vorführungen.

C Stundendarstellung

ERSTE EINHEIT

1. Vorbereitende Spiele

Atemschulung: Haltung	L/KK	Stummes Mitvollziehen: Arm heben, sinken lassen, langsam aufstehen, langsam hinsetzen. Aus lascher Haltung an die vordere Stuhlkante rutschen, Wirbelsäule bis Kopf aufbauen.
Langer Atem	L/KK	„jo“ ansingen und wegschweben lassen (Vorstellung: Ton kreist lange im Raum).
zugleich Vokalformung	K	Eine Tonsilbe (he, ho, ha, hü, hu) im Kreis so lange singend tragen, bis der Atem zur Neige geht. Vorher stehenbleiben! Der Nächste trägt von hier aus eine andere Silbe in anderer Tonlage weiter.
	K/K	Zwei, drei Kinder werden gleichzeitig auf die Reise geschickt.
Schlagtechnik Reaktion	L/KK	Echospiel: Patschen

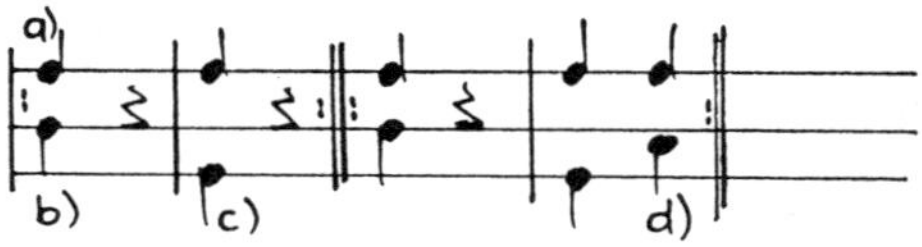

Vom Lehrer aus gesehen:
a) linkes Knie
b) rechtes Knie innen
c) rechtes Knie außen
d) rechtes Knie Mitte

2. Übermittlung

Einstimmung	L	Folie als stummer Impuls
	K	Gespräch „Ernte“

Übermittlung	L	Ich kenne ein Lied, das diese Situation beschreibt.
	KK	Ihr begleitet mich auf den Knien.
	L	singt das Lied ganz vor.
Sichern des Textes	K	Was hast du dir gemerkt? Erkennst du diese Zeichen wieder? 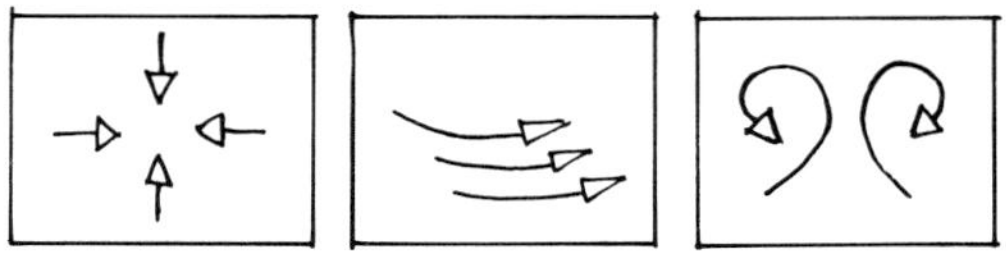
	L	Abrufen der einzelnen Bilder
	KK	Flüstern des Textes Wir bilden zwei Gruppen: Der Arm des Lehrers zeigt an, welche weiterspricht.
Atembogen (Phrasierung)	KK	Wir sprechen den sauber geformten Text: Jedes Bild mit einem Atem!
Sichern der Melodie	L/KK	Abschnittweise vor- und nachsingen (no – no) Die Hand zeigt dabei die Melodielinie mit.
	K	Ordne die Linien! 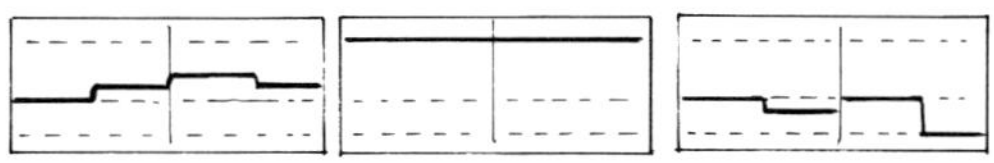 (2) (3) (1)
	K	An welcher Stelle der Linien werden diese Wörter gesungen: Wagen, Wind, Garben?
	KK	Wir singen das ganze Lied mit Klanggestenbegleitung.
3. Gestaltung		
Musik: Begleitung	K	Je ein Kind darf die Begleitung auf das BX und das AX übertragen und mitspielen.
	K	Wir schmücken mit Rhythmus aus: 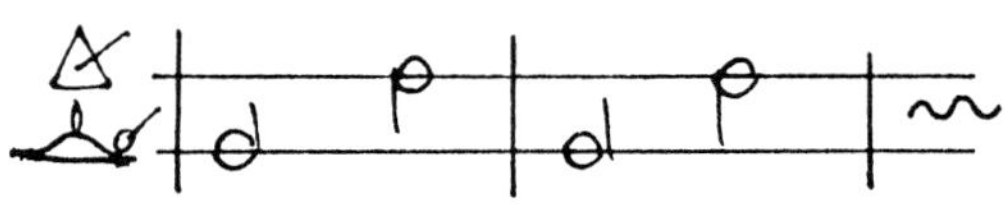
Kanon		Kanonversuche in zwei, dann in drei Gruppen

Ablauf besprechen, ausführen		Vorschlag: Vorspiel: Stabspiele, zwei Takte Lied mit Begleitung Zwischenspiel: Stabspiele Kanon mit Begleitung, jede Stimme vier Mal; nacheinander aufhören.

ZWEITE EINHEIT

1. Vorbereitende Spiele

Bewegungsideen	KK	sind im Raum verteilt, gehen.
	L	schlägt Triangel an: „Foto“.
	KK	erstarren in der Bewegung.
	L/KK	Nacheinander werden Aktionen angesagt, die mit dem Körper, den Armen usw. als Standfoto dargestellt werden. Dazwischen „Gehen“, um die Bewegung zu lösen. Beispiele: – Ich entdecke Unangenehmes! – Ich jage, treibe weg! – Ich nehme ganz viel (weg)!
Stimmpflege	L/KK	Auf Silben Teile der Melodielinien singen: jo, ju, no, nu, jung-jang

2. Sichern des Liedes

K Melodielinien erneut ordnen

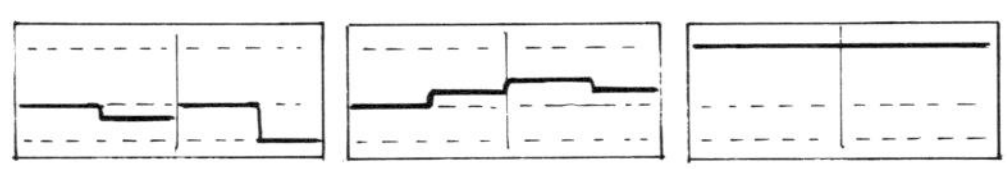

KK Lied als Ganzes singen
Kanonversuche

3. Gestaltung

Tanz L legt Folie mit Symbolen auf:

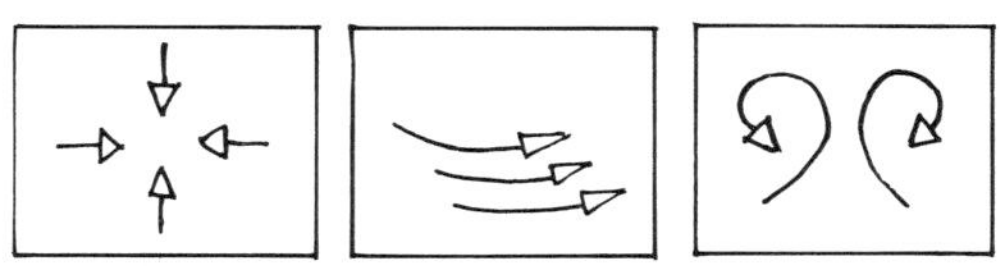

KK sammeln Ideen

Gruppenarbeit	Jede Gruppe (à 4–6) darf die Bilder benützen und die Ideen aus den Vorbereitenden Spielen einbringen. Ihr braucht drei unterschiedliche Tanzabschnitte!
Begutachten	Wir führen uns die Gestaltung vor.
Gesamtgestaltung: *– planen* *– organisieren* *– durchführen*	Eine Gruppe darf musizieren. Die anderen singen und tanzen gleichzeitig: Vorspiel Lied einstimmig mit Tanz Zwischenspiel Kanon (Tanz und Gesang – vier Mal) Die Gruppen hören nacheinander auf.

Liedverzeichnis

Unterstrichene Seitenzahl: Hier sind Text und Melodie vollständig zu finden.
* bedeutet: Skizzierte oder ausführliche methodische Planung.

Literaturverzeichnis

1 Carl Orff (1895–1982): Ausspruch: „Elementare Musik, Wort und Bewegung, Spiel, alles, was Seelenkräfte weckt und entwickelt, bildet den Humus der Seele, den Humus, ohne den wir einer seelischen Versteppung entgegengehen.“
2 Kurt Hofbauer: Praxis der chorischen Stimmbildung; Mainz 1978
3 Paul Nitsche: Die Pflege der Kinder- und Jugendstimme; Mainz 1969
4 Kaspar Gerg: Musik – Sprache – Bewegung; Gestaltungsmodelle für den Unterricht; München 1992
5 Orff-Schulwerk „Musik für Kinder“, Band I–V; Mainz 1950–1954
6 a. o. Band I, Seite 26
7 a. o. Band I, Seite 7
8 a. o. Band I, Seite 6
9 a. o. Band I, Seite 12
10 Rudolf Stephan: Fischer Lexikon Musik, Seite 166; Frankfurt am Main 1957
11 a. o. Seite 17
12 Orff-Schulwerk „Musik für Kinder“, Band III, Seite 38 f.; Mainz 1953
13 Barbara Haselbach: Tanzerziehung; Stuttgart 1971